格差時代を生きぬく教育

寺脇 研

An education survival kit
for a divided society
Ken Terawaki

ユビキタ・スタジオ
UBIQUITOUS-STUDIO

この本の成り立ちについて

寺脇研さんと初めてお会いしたのは、十年ほど以前、僕が岩波書店の『世界』編集部員だった頃でした。「ミスター文部省」の異名もとっていた寺脇さんは、弁論直截、まさに「顔の見える官僚」で、おどろきました。枢要なポストで、「ゆとり教育」を推進しているところでした。

二〇〇二年に文化庁に転出。彼は詳しくは語りませんしそう単純な理由ではないのかも知れませんが、その頃に起こった一部の学者、財界などによる「ゆとり教育」への反動、「学力低下」論争をめぐる暗闘が、その背後にはあったのではないか、と、局外者には見えます。

そして二〇〇六年の四月、ある新聞記事に目が留まりました。退職を準備していた寺脇さんのことを当時の小坂憲次文科大臣が知り、「文科省に戻らないか」「君のことを人に聞くと、非常にほめる人とあしざまに言う人がいて、中間がない。私の組織にはそういう人材が必要だと思っている」と声をかけたのです。

そして寺脇さんは文化庁文化部長から、文科省の課長級の地位へ。キャリア（上級職）官僚の世界ではほぼ前例のない、降格人事ではあります。

僕は寺脇さんのところへ早速話を伺いに行きました。談論風発、歯に衣着せぬ「自分で考えた論理」の展開。「ゆとり教育」は、まさにそういうことのできる人間を育てようとする、教育のパラダイム・シフトである――それを思い出しました。

いや、面白い面白い。意見は完全には一致しませんでしたが、それが、「コミュニケーションのある社会」の特徴であるはずです。

この本が出るころ、寺脇さんは官僚を辞めています。

したがってこの本はほぼ無修正、人間寺脇の本音が出ています。

読者の方も正面から、寺脇さんと対論するつもりで読んでいただけると、頭がすっきりします。

ではどうぞ。

ユビキタ・スタジオ　堀切和雅

目次

デザイン◎寺井恵司

格差時代を生きぬく教育

寺脇　研

第1章　「ゆとり教育」バッシングはなぜ起こったか？

生涯学習の時代に突入

――寺脇さんが、一般の市民にとっても、あ、役人にもこういう人がいるんだ、というポピュラーな存在になってきたのは、マスコミが「ミスター文部省」というニックネームをつけていた頃からですね。

寺脇 教育改革の説明や問題提起でテレビなどに出るようになったのは、一九九八年くらいだったと思います。生涯学習局の生涯学習振興課長の頃でした。「生涯学習」という教育改革の考え方は教育界の問題であるだけでなく、これからの日本社会全体のテーマになると考えたのです。当時の生涯学習振興課は、臨時教育審議会［1］の答申を受けて、生涯学習というセイフティネットを充分に張ったうえで横並び至上主義というか、誤った平等主義をなくしていく教育改革全般のシナリオを担当していたものですから。

そういう、不特定多数の国民に向かってメッセージを出す試みは、もっと遡れば一九八七年に臨時教育審議会の答申が出て、――まだ私三五、六歳でしたね。そのとき新設された生涯学習振興課の課長補佐ですから——「生涯学習」というそれまでなかった概念を国民の皆さんにわかってもらうという広報事業のようなことをしていたんです。

ただそのときは、もちろんテレビに出してもらえるわけじゃないし、日本中行脚《あんぎゃ》して、都道府県や市町村の教育委員会などにセットしてもらったところでその地域の人たちに、これからはいつでもどこでも誰でも学べる時代なんだから、と説明して廻った。昔の考え方では、学校卒業したらその時点で学習は終わり、ということだけど、もうそうじゃないんですよ、今あなたがもう一回高校に入ろうと思っても大丈夫なんですよ、あるいは今大学に入ろうと思えば放送大学［2］がありますよとかね、そうやって人間は死ぬまで、いつでもどこでも誰でも学んで、自分のやりたいことに挑み、生き甲斐を満足させていく社会になるんですよということを言って歩いてたわけですね、全国で。

そういうことを私はずっとやってきていたので、なにも「ゆとり教育」になったからいきなり国民の皆さんの前に顔を出してきたわけでもないんです。

行政手法として、それまでの文部省は、はっきり言えば上意下達。臨時教育審議会答申の出る一九八七年あたりまではね。もう国で決めちゃったから、全国でそうやるべし、国民もそうしなさい、と。文部省でこう決めました、お国でこう決まりました、ドン、ってやってたわけですよ。その中で、どうして私だけが自分の顔を出す形で広報活動をするようになったかというと、まあ偶然がかなりの要素なんでしょう。つまり生涯学習っていう今までにないものが出てきちゃったから、そのことに関しては、今までのように通達を流せばその通りになるっていうことはあり得なくなっちゃったんです。また、生涯学習は子どもからお年寄りまですべての国民に関わることだから、行政のルートだけでカバーできるわけじゃない。否応なしに、私が行脚して一人一人を説得して、なるほどその生涯学習っていうやつはいいね、やってみようじゃないかというふうに考えてもらおうとした。定年後、家でごろごろしているんじゃなくて、なにか社会活動をしてみようじゃないか、あるいは地域で趣味の活動をしてみようじゃないかと。少なくとも、家で「濡れ落ち葉」になってるよりは、ゲートボールでもやりに行ってみようじゃないかっていうのは、上意下達じゃできないわけですよね。

――必然的に寺脇さんも自分自身で考えざるを得ない立場になったわけですね。

寺脇　そうそう。どうやったらその人たちを説得できるのか、自分で考えざるを得ない。当時は生涯学習ということを広げるというワンテーマのスポークスマンといえばスポークスマンだったし、そしてそのやり方というのは、申し上げたように、日本中ありとあらゆるところを回って、例えば老人会の集まり、あるいは地域の教育関係者の集まりなどで、生涯学習のコンセプトを伝えるところからはじまったわけです。

たまたまその仕事を四、五年続けてやることになって、もうひたすらそれをやった後、九二年に初等中等教育局の職業教育課長というのになったわけですが、そのときにちょうど業者テスト［3］問題というのが起こって、今度は「ミスター偏差値」などと言われてからかわれていたわけですよね、マスコミ的には。

要するにまだワンテーマ人間だったんですよ。「ミスター文部省」ってたしかにあとでは揶揄《やゆ》的にはいろんな人に言われたけれど、それぞれの時点では要するに生涯学習の宣伝マンだったり、偏差値［4］での輪切りはいかん、となると、それを概念論で言っているだけではなくて、業者テストをなくして高校の序列をなくしていきましょうと……。そのときも全国くまなく回って歩いて中学生の子を持つＰＴＡの会合で直接説明をしているだけで、テレビに出るなんて考えもしませんでした。

――地道な広報活動をしていた。

―**寺脇**― そうなんです。

成長の時代の教育ではやって行けなくなった

――生涯学習という概念が出てきたときには、一つはやはりその時点から、来るべき高齢化社会をどうやって生きていくかということが盛りこまれていたわけですね。

寺脇――そうです。

――そのときに、今までのような単一の成長=成功モデルではなくて、教育の複線化というか、リターンマッチがあったりやり直しがあったり、いろんな選択肢があり得る教育体系ということまで含意《がんい》されていたんでしょうか。生涯学習に。

寺脇――そうですよ。高齢化対応というのはまったく表層の問題であって、つまり生涯学習という理念をはっきり飲み込めば文字通り生涯なんで、ゆりかごの赤ん坊から高齢者まで、ずっと常に対応していかなきゃいけないことなんです。だから子どもも大人も、全部入る。

さっき私、半分偶然と言ったのは、実はそのときに私は志願して、ぜひその生涯学習の仕事をやらせてくださいと上司に言ったんですよね。普通、役所というところはあるポストを志願したからってそうなるもんじゃないけど、やり手がいなかったんですよね。やっぱりそういう新しいことだから。で、私はこれはもうすごい画期的なことだと思ったので、やりたいなって言ってたら、じゃお前やれよ、っていうことに本当になったんで、大変喜んで張り切ってやった。

つまり、単なる、お年寄りをゲートボール場に行かせる話じゃないわけですよ。もっと大きく、日本の社会を変える話です。ただ当面、高齢者対応はその時点の緊急の課題だったんですよね。覚えてらっしゃると思いますが、一九八〇年代の日本のあのときの状況というのは、まさにさきほども出た「濡れ落ち葉」といった言葉が流行語――今は死語になっちゃってると思いますが――だったわけですよね。定年退職したらなにもやる気がなくなっちゃう。奥さんに引っ付いていて、「濡れ落ち葉」とか「粗大ゴミ」とか揶揄される。でも今、団塊の世代が退職して行こうとするときに、団塊が濡れ落ち葉になるとは誰も思ってないじゃないですか。みんな社会で活動するだろうし、なんかいろいろ発言するだろうし、と思う。今は、だから想像もつかないけど、あの頃ははっきり「濡れ落ち葉」「粗大ゴミ」でしたよ。

――そうでしたね。

―寺脇― もう、仕事で燃え尽きてしまうというか、企業人としての生活が終わったら俺は何をすればいいんだっていうオジサンたちがわんさといて、それはなんとかしないとそれこそ社会問題ですよね。渋谷にたむろしている子どもたちをなんとかしなきゃいけないというのもそうだろうけども、大量に、いい大人が生き甲斐をなくして……。

――家に籠もってる。

―寺脇― うん、それから、病院の待合室にお年寄りが暇を潰しに集まっているような状態っていうのは変えていかなきゃいかんっていうことがあった。

――定年と同時に奥さんに離婚されちゃう、とかありましたね。それは今もありますけど。

―寺脇― そうそう。そういうね、老人医療費や介護の問題にもつながる形で、それは緊急課題としてあったから。高度経済成長時代、あるいは戦後の復興を支えてきた人たちがそうなっちゃうっていうのは、結局今までのひずみがその形で出てきてるわけですよね。つまり、今までの教育というのは、戦後の復興をやっていくようなことのための教育だった。それから、こんなに人々が長生きしていくっていうのは想定されていなかったから。端的に言えばですよ、五〇歳か六〇歳まで、とにかく働きまくれるような人間を作っていく教育だったわけです。六〇歳以降のことなんか考えていない教育をしてたんですよ。だって現に平均寿命が六〇歳ぐらいだった頃に作られた仕組みですから。

それが人生八〇年時代に対応できない。だから、一九八七年の臨時教育審議会の答申は四つのキーワードを立てていますね。少子高齢化、国際化、科学技術の高度化、情報化、という四つの未来予測をしているのです。その時点では具体的に想像もつかなかったことも含めて、二一世紀の課題として、その四つに否応なしに直面しなきゃいけないと。だからそれに見合う教育体制にしていかなきゃいけない。それは私にとってはものすごく説得力があったわけです。なるほど、と思ったわけですね。

一番わかりやすいのは、やっぱり少子高齢化。特に高齢化時代になってくるときに、今まで六〇年という人生期間で考えていたのを、八〇年という期間で考え直さなきゃいけない。それまで、退職後の二〇年っていうのは全然想定されていなかった。極端に言えば、なにひとつ、国は用意していなかった。個人の力で切り拓いていくしかなかったわけですよ。六〇歳のところまでは、国の教育制度のおかげで、あまり考えずに生きていけるとしてもね。そこから先は個人の資質によるものであって、そういう生きていく資質を多く獲得してる人は七〇、八〇まで楽しく生きられるけれど、ほんとにその、いわゆる過去のスタンダードな教育にそのまま従った人っていうのは、定年退職になった瞬間にパーになっちゃう。

だから皮肉なことに、女性のほうが、それまで社会進出の上で差別を受けていたがために、その仕組みに乗らないで済んだから、つまり国家の想定する産業人のレールから外れちゃってたがゆえに、女性は六〇になってパタッとなんかならずに、子育てが終わったら結構趣味を楽しむようになっていったわけですけれども。男性のほうは、それに真面目に乗ってた人ほど、六〇歳以降について何も考えられなくなっちゃった。

「主要教科」だけでは一生を支えられない

――その「濡れ落ち葉」に手当てをしなかったら、それは社会的なコストにもなってしまうわけですよね。

寺脇――そうそうそう。だからとにかくそのときにやらなきゃいけなかったのは、すでに六〇歳になっている人たちに、何かやりましょうよ、っていうことがまずあった。それがいつも表面に見えていたから、最初の頃、生涯学習っていうのはゲートボールやらせることかみたいな誤解が生じてたわけでしょう。でもそれはある種必然であって、つまりその人たちはまあ、いわばすでに成人病になっちゃっている人たちだから、その人たちにはすぐ、手当てをしなくちゃいけない。

だけど成人病だって、ほんとは成人病予防を最初からしていかなきゃいけないわけですから、今までのやり方を変えないと、六〇になってから、さあゲートボールやりましょう、と言ってもなかなか入っていかない。やっぱりこれは子どもの頃から、六〇から先も充実して生きられるような教育を考えなければならない、と思いました。

それまでの日本の学校教育というのは、英数国社理というのを「主要教科」と呼び、音楽、美術、体育、家庭科、道徳なんていうのはそうじゃないものといわれましたよね。「主要教科」という言葉がいまだに残っている。それは要するに六〇歳まで産業人として生きていくための教育だった。ところが人生八〇年時代まで見越したら、もうその主要教科という考え方は間違っているということになります。授業時間数の多い少ないは当然あるとしたって、算数は重要だが美術はそれほどじゃないなんていう考え方はまったく違うだろうと思います。

――感性とか身体性などが関わってくる分野が大事になる。

寺脇 そう。

それから、生活能力ですよね。だから家庭科ももちろん男女問わず大事。

それから少子高齢化の少子化という部分について、その時点で私がイメージしていたのは、子どもが少なくなるから世代分布の不均衡が起こって大変で、だから生めよふやせよという話の方ではなくて、少子化というのはひとりひとりの子どもが非常に恵まれた時代になるという意味でもあったわけですよ。「シックスポケッツ［5］」と言われるように、いまは比較的貧しい家だって子どもは一人か二人しかいなかったりするわけだから、子どもに対して教育投資にしても何にしても昔よりは手厚いものになってくる。

そのときにもう一つのテーマとして考えたのですが、昔のように貧しくてきょうだいが多ければ、きょうだい間の競争もあるわけだし、勉強しようとか頑張ろうっていうモチベーションが基本的に湧いてくるわけだけど、それが、子どもが少なくなってくると、学校での競争も社会での競争も少なくなってくるわけです。競争のモチベーションが、内在的に生まれにくくなってくる。だからそのモチベーションを持たせるということを、少子化になる前の時代よりも強く考えなければいけないと、私は考えました。

この点がね、ちょっとみんな見落としてるとこなんですよ。モチベーションを持たせる教育をしていかなきゃいけない。つまり「少子高齢化社会が来る」というところから逆算すると、高齢化に対してこういうことを考えなくちゃいけない、少子化に対しては学習のモチベーションの問題を考えなくちゃいけない、とか、事前に分かってくるわけじゃないですか。

そもそもその、例えば八人兄弟で五つしかない卵を食べるとか言ってるときは、卵を食べるってことのありがたみはわかってるわけだけれど、一人っ子のところに三つぐらい卵があって、「卵なんか」っていうことになってくるとかね。そういうことも含めた問題があります。

それから「国際化」という問題もちょっと誤解されているふしがあって、私が理解した国際化の意味は、欧米のみならず、アジアとつながっていかなきゃいけない国際化なんです。明治時代の脱亜入欧みたいな考え方じゃない国際化に直面するという提言だったと思うので、なぜゆとり教育バッシングが起こっているかっていうのは、そこの見解の違いでもあるわけですよ。つまり、私が言おうとしているキーワードを全部ひっくり返して読む人たちは、そうなってくるわけですね。国際化についても、アメリカのスタンダードにもっと追随していかなきゃいけない、という人もいるわけですから。だから英語を必修にしろみたいな話になってくるわけです。

臨教審が問うたこと

——臨時教育審議会の提言のなかには、アジアの隣人たちと付き合うこと、付き合い直してもらうことが大切だというものは底流としてあったんですか？

―寺脇― そこはね、あったとも言えるし、なかったとも言えると思うんですよ。臨時教育審議会をリードした人はかなり幅の広い年代層ではある。香山健一さんとか公文俊平さんとか、六〇年安保を経験した人たちが当時四〇代でいて、上のほうは、少なくともそれを仕切った中曽根さんは、あの頃は八四年から八七年だから七〇歳前ぐらいだったでしょうね。つまり戦前の世代から戦後の六〇年安保の世代までが一緒にやったわけですから、どうなんでしょう、個人差もあるし、いろんな意見があったでしょう。

基本的には欧米ということが意識のなかにあったでしょうけれども、しかしやっぱり戦前を生きた人がむしろアジアを意識するということも、戦争の反省とともにあったかも知れないし、それから現実問題としてすでにバブルの時代ですから、いわゆる第一期の外国人流入、日本にイラン人なんかがわっと入ってきた時代ですよ。それまで日本にいる在日外国人っていうのは、ほとんどコリアンだったのが、出稼ぎ労働者という存在が目立ってきた時代であるから、少なくともそのことをまったく無視していたわけではないでしょう。

だから、アジアの人たちが入ってくること自体は委員たちの念頭にあったと思う。そして、それがいいことだと思うかよくないことだと思うかっていう見解の違いはあったと思いますよ。

——なるほど。

寺脇　臨教審のメンバーのなかの大多数の方々は、それが必ず起こってくるっていう問題だということは認識をしておられたと思いますよ。だけれど、その時点で国際化という概念に対して、浅薄な理解しかしない人は、ああだからやっぱり英語教育をやんなきゃいけないとなるわけだけど、ほんとのところでは、アジアの人たち、つまり今までどちらかというと後進国だ、というような見方をしていた人たちとフランクにつきあえるような人間を作っていかないと、という考えもあり得る。つまり語学の問題よりもマインド（心持ち）の問題だ、というふうに考えなければいけない。私はそっちのほうに考えるからゆとり教育になるわけだし、そうでない人たちは、いや、英語を詰め込んで競争力を高めなきゃみたいな話になってくるんでしょう。

——一般社会だけでなく、教育界にもそうした根本的なコンセプトの対立がありますね。

寺脇　実はあとの二つですらね、私に言わせると、例えば科学技術の高度化っていう話があったときに、科学技術は高度化するんだから、世界としのぎを削るような技術者を作らなきゃいけないという、その方向にだけ話は行ってしまうけれども……

——その場合はエリート集団に予算を重点的に配分するっていう……

寺脇——みたいな話になってきますよね。そうじゃなくて、科学技術の高度化っていうのは、すべての人にあまねく関係し、すべての人々が影響を受ける、とする見方もありますね。科学者じゃない人だって、科学技術の高度化した社会に生きていかなきゃならないわけです。ということは、これは科学技術の高度化に対応する能力というのが必要になってきますよね。

つまり、携帯電話っていうのなんかその時は想像もつかない存在でしょう？　臨教審をやってるときは携帯電話なんかなかったですから。ところが、今のようにほとんど全員が、お年寄りにいたるまで携帯電話を持つ時代が実際きちゃったわけです。すると、そのときに、新しい科学技術にある程度対応する力っていうのを全ての人々が持ってなきゃいけません、という話になりますね。

——そうですね。

寺脇——要するに、年をとっても常に、新しいリテラシー（ある分野に関する知識・能力）を身につけないといけなくなる。現に今の大人たちはコンピュータなんか学校では習っていないけど、職場にそれが入ってきたら、操作法を学ばなきゃいけないじゃないですか。

つまり、それまでの時代の知識というのは、すべからく学校を出ていればいい、詰め込み主義はそうなわけですね。学校のときに知識を詰め込むだけ詰め込んでおけば、その燃料で一生生きていけるっていう考え方だったんだけど、途中で燃料補給しなきゃ絶対だめなんだ、という時代になった。最初に持たせておけばいいだろうって言ったって、その燃料じゃ対応できないものが出てきちゃうから。

――社会のツール（用具）が変わり、ストラクチャー（構造）が変わるサイクルが早くなる時代に突入したわけですね。

寺脇　そうそうそう。だから江戸時代三百年みたいなときなんかほとんど技術も道徳も変わらないから詰め込みやってれば一番よかったと思いますよ。だけれど科学技術の高度化の時代には、次々と新しいものが出てくる。そうすると、年をとってもそれを学ぶことが必要だ。裏を返してみると、若い頃に、その時代の科学技術のことを無理矢理詰め込むことの価値っていうのが低下するわけですよね。

――そのときそのときの新しい、人間を少しでも幸せにする技術があったとすれば、それを使いこなしたり、あるいはそういうものが作られていくシステムを支える、科学に対する夢をもった人たちという意味でも、裾野としての科学へのリテラシーが必要だということですね。

寺脇――そうそう。だからそのときにね、昔だったら、今ここで教わることっていうのは一生役に立つんだから勉強しなさいよ、以上終わり、だったわけですよ。ところが今考えなきゃいけないのは、今ここで勉強することは一生役に立たないかも知れないけれども、現時点では役に立つことであるというようなことをきちんとわからせてやらなきゃいけない。教える側も、一生役に立つことだったらこれぐらい教えてもいいんだけど、一生役に立たないかも知れないことはこれぐらいにしといてもいいんじゃないのか、ということを考える必要が出てくる。

知識に関しては大事なことを選んで絞り込んで、そこで浮いた余力の部分で、一生役に立つとわかりきってること、例えばなんだろう、物を美しいと思う心を育てるとかいうのは一生役に立つわけだから、これを育てることを考えるのがいい。つまり個々のスキル（技法）を教えるんじゃなくてマインドを教えるほうに傾斜していいんじゃないかっていうことなんですよ。スキルは変化していくけど、マインドは変化していかないものだから。

――マインドがあれば、応用力がついて、将来の変化も柔らかく受けとめていけるはずですものね。

—寺脇— だから例えばね、昔、計算尺の使い方を学校で一生懸命教えてましたよね。ところが今やまったくといっていいほど意味がないですよね。計算尺を使うスキルというのは。それはもうコンピュータにとって代わられている。だけど計算尺で計算をするマインドっていうのは、道具がコンピュータに替わろうが、算盤《そろばん》からコンピュータまで変わっていかないわけじゃないですか。

それから、最後の情報化っていうのはこれまた、表面で理解すると、情報化社会になって、有利なのはたくさん情報を持ってる人、たくさん知識を持ってる人だと思われがちなのだけれど、そうじゃなくて、知識リテラシーの問題なんです。つまり、出回っている情報が少ない場合は、たくさん持ってるやつが勝ちなんだけど、もう要するに誰も全部の情報は持てないくらい情報洪水の状態になっちゃったときには、そのなかからどれを選択するかっていう能力のほうを作っとかないと、むやみにたくさん知ってればいいっていう問題じゃないっていうことですよね。

——その頃にそういう発想をされたとしたらすごいですね。

—寺脇— いえいえ、ごめんなさい、それは後知恵で（笑）。そのときにそれが全部わかってたわけじゃないです。

——思い返してみればそういうことだった、と。

寺脇　そうそう。だから私は、「ミスター文部省」って言われてゆとり教育推進の最中にいた頃にはそういうふうに自分のなかで走りながら考えてた状態だけれど、まあ十年ぐらいかけて、しかもそればっかり考えてるわけだから、決してえらいわけでもなんでもないけど、理屈はそういうことなんだよ、とだんだん自分で分かってきた。だから、そこまで完璧に自覚していたかどうかは別として、ゆとり教育と呼ばれる教育のカリキュラムを作っていくときには、審議会の委員や作成担当者それぞれが自分の意識の中にそんな感覚を持っていたのが何らかの形で作動していて、総合学習の時間を作りましょうとか、学校を五日制にしましょうとかいうような話が出てきたんだと思いますね。

業者テスト撤廃問題

——ちょっと戻りますが、業者テスト撤廃問題というのを、若い読者のために簡単に説明していただけますか？

—寺脇— これはね、一九九二年のことですが、すごくドラマチックな展開がありました。ある日突然、当時の鳩山邦夫文部大臣が、業者テストはけしからんと、やめるということを言われた。これには実は伏線があって、埼玉県の竹内さんという教育長が、埼玉県では中学校での業者テストをやめます、偏差値を使った進路指導をやめますっていうことを宣言したんです。間髪を入れず鳩山大臣が、それはいい、他の四六都道府県もそうするべきだ、という判断をして、それから約一年半ぐらいの短期間に、業者テスト撤廃をやり上げたのです。

その頃は地方分権の議論も未熟で、都合のいいときだけ地方分権っていう時代で、当時もね、地方分権なんだからうちは業者テストやるんだっていうような話はありました。けれども、そのときの文部省の論理というのは、地方分権だから合法的なことなら何やったって結構だし、現実に地方で副読本の類だって作ってるわけですから全然構わないんだけど、業者テストは法律違反の疑いが強いと。なぜかというと、まず義務教育は無償だということを定めてあるのに、お金のかかる業者テストを全員に無理矢理受けさせている。それから、もっと問題なのは、教育の評価を外部の人にやらせて、その結果だけをもらってると。これは要するに義務教育の理念に照らして間違っていると。そういう指摘をしました。

しかもそれは、中央教育審議会［6］答申で、その十年ぐらい前にすでに指摘をされ、それでも改善ができていないとして直前の九一年にも改めて答申が出され、二度にわたって、これはよくないことだからやめるべきだとされていたのです。その時までは文部省も、すぐには難しいかもしれないけど中央教育審議会でそういう指摘が出ましたから気をつけてくださいね、ぐらいの程度でしか言ってなかった。でも埼玉県だけは、なるほどそうだということでやめた。埼玉県でできるんだったら全国みんなできるじゃないですか。

業者テストというのがなぜできたかというと、高校進学希望者が多くて、高校進学率がガーンと上がってきた昭和三十年代の産物です。そのときに、受験生の数に対して高校の入学定員が足りない。そこで受験生全員を、本を本棚にきちんと納めるように、偏差値というラベルを貼って、この本はここ、みたいな整理をしなきゃいけない。ラベルを貼っとけばうまく納まるよということでやっていた。現実に本棚が狭くて本がたくさんあるときには、ラベルを上手く貼っていって、なるべくうまい具合に高校に振り分ける。生徒たちに自分は業者テストでこういう偏差値だから、仕方がないな、と納得させて……

——ふるい分けをするわけですね。

—寺脇— そう。それはまあ仕方がないと。いわば必要悪みたいなものだと。しかしその後、高校は増えて子どもは減って本棚の容量と本の数が一致してきているのに、本棚のどの部分に入るかということのためにラベル分けをしているのはおかしいじゃないか、という時代になってきた。

――それが九二年頃なんですね？

寺脇―そうです。それはポスト臨教審の話です。

弊害が二つ出てきたのは、それまでは要するに、業者テストによってふり分けられるっていうのは学校を選ぶ自由権を侵しているわけだけど、自由権を侵す以上のメリットがあったからみんな我慢してたわけです。

――学校側のメリットですか。

寺脇―いやいや生徒の側に。

つまり、例えば単純に言えばですよ、高校の座席が八〇あって、そこに百人座りたい人がいたときには、まあ申し訳ないけど、これを学力という基準で選ぶとするならば、上から八〇までの人が入れて、二〇の人は悪いけど泣いてくれと言われたときに、なるほどしょうがないなと。昔みたいに学力だけで判定する時代だったら、下の二〇である自分は仕方がないなと思いますよね。誰しも、入学試験を受けて落ちた人は、そのなかにおいては、自分は学力が低かったんだから、といって納得しますよね。個々の学校の話だと。ところが、これが、大勢が高校に行くようになってくると、例えば成績で上から一一番目にいる人が、上の一〇に入れなかったゆえに、例えば八一番目になっちゃうというようなことはかわいそうじゃないかっていう話が出てくるわけです。

だから、要するに最初から、上の一〇人が誰だかわかるように業者テストで整理しといて、その上の一〇人は本棚の一番上の段に入りなさい、次の一〇人はここへ入りなさい、というように、最初から当てはめてたわけです。本棚自体からはみ出る人も当然少しは出てくるわけだけど、それはやっぱり一番学力が低い層だから仕方がないね、っていう話で、済んでたわけです。

――この社会で教育というのは選別・ふるい分けを納得させる機能も負わされていますからね、どうしても。

寺脇 そう。需要と供給が一致しない場合においてはね。

――それに当時の状況としては、それは一部の先生は、進路指導上楽だと思ったかも知れないし、それからちょっと前の韓国みたいな、受験が過熱している状況だと、子どもや親もですね、業者テストで何番何番とはっきり決まるのが恨みっこなしでよかった、それを生徒や家庭の側も求めていたという側面もあるでしょうね。

―寺脇― そうそう。みんなが求めてたから。昭和三十年代や四十年代に、業者テストが悪いとか偏差値が悪いとか思う人なんかほとんどいなかったわけですよ。

戦後、昭和二十年代に新制高校ができた頃、高校進学率って四割そこそこだった。昭和二十九年に初めて五割を超えます。それがずーっと右肩上がりで上がっていくわけですよ。上がっていくのに、高校の数がそんなスピードで増えていけないから偏差値が威力を発揮したわけですね。その状態がいつまで続いたかというと、昭和四十年代の終わりまでです。昭和五十年、一九七五年が、分水嶺《ぶんすいれい》なんです。

高校進学率は、一九七五年まで上がり続けて、そこから横這い。今日にいたるまでほぼ横這いです。ずっと九五パーセント前後で、昭和四十年代にはいずれ限りなく一〇〇パーセントに近づくって言われていたのが、実際はそうならなかった。ちなみに大学進学率も、一九七五年にぴたっととまったんですよね、一回。そのあと少子化で分母が小さくなったこともあってだいぶ上がってきたけれど。

つまりそのメッセージっていうのは臨教審のスタートのときに強烈に意識されていたメッセージなんですよ。それが何かというと、量的なものの欲求はもうおしまいで、これからは質的なものへの要求が高まるんだと。つまり、以前は、本棚に入りたい競争だったから、本棚のどの部分に入りたいかっていうことについての希望はまったく無視してたわけです。基本的にみんな、より上の段に入りたいと思っているという前提で整理していた。例えば、自分は一番上の段に入れる成績なんだけれども、三番目の段の高校が好みなんでそこに入りたいとか言ったってできなかったわけですよ。とにかくきちんと入れるために、お前はそんな勝手なこと言われちゃ困る、という話になっちゃう。

だから現場の進路指導でも、今おっしゃったように教師は楽なわけですよ。成績の高い者から順番に、ここを受けろ、次のやつはこれを受けろと。でも実は僕ここ受けたいんです、と言っても、ダメだよ、お前、ルールがこうなってるんだから、はい、って機械的にふり分けてればよかったんですね。

ところが七五年頃から、成績はいいんだけどこっちの高校に行きたいとか、落ちてもいいからあの高校にチャレンジしたいとか、そういう希望が出てくるんですね。つまり今までの制度から見れば一見不利になるけれども、自分はそっちを選びたい、といったことが出てきた。つまり「良い」大学に行くのが幸せだ、的価値観一辺倒だったのが必ずしもそうではなくなって、より高い学歴が必ずしもいいわけじゃない、という考え方が出てきた。

大学進学だけが道ではなくなった

―寺脇― 実は、七五年に大学進学率の上昇がストップしちゃった時には、専門学校への進学率がそこからぐっと上がっていったんです。つまり、成績上は大学に行けるんだけど、仮に行けても、専門学校のほうを選ぶっていう層が出てきた。七五年より以前には誰も想像しなかったわけですよ。しかし今やそれが一般化してきてるでしょう?

だから今大学全入時代とか言って、大学関係者は二〇一二年問題とか言って危機を感じ始めているけど、それは皆が専門学校じゃなくて大学を選んだと計算したときの話であって、実際は専門学校にもどんどん行くんだから多くの大学はそれ以前に危機になりますね。

――そうなりますね。

―寺脇― つまり専門学校と大学とあったら、全員が大学に行きたがるはずだっていうフィクションが、そこにあるわけです。最近、専門学校進学者がやや減ってそのぶん大学が増えたという数字もありますが、それはむしろ大学が専門学校化して技術や技能を教え始めたからだと思います。

――それは大学の大衆化とも関係がありますね。それこそ旧制高校、帝大の時代には、大学に入る人はエリートであり、何事かをなそうとする人であった。この「くに」の主柱たらんとする人であった。いろんな意味でね。ところがそこまで大学進学率が上がっちゃうと、エリート層とはいえませんよね。

だからもはや高校卒業後さらに学ぶにしても、いろんな人がいるわけですよね。いろんな志向と希望を持った人が。

寺脇――アメリカは日本よりもっと大学進学率が高いのですが、ただアメリカのコミュニティカレッジ［7］っていうのは、大学と言ったって別に高度な専門教育をするものではないですよね。日本の大学も、もはや大学というだけでエリート養成機関だとは誰も思わない。

ましてや高校の場合、とっくにそうなっていたわけですよ。だから七五年ごろに、大学に行く学力があるのに専門学校を志望する生徒が現れて高校の先生たちをびっくりさせたのは、学ぶ側が、みんながみんな大学目指すわけじゃなくて、自分のやりたいことがいろいろある、というふうになってきつつあったからです。そういういろいろな生き方を選びたいという欲求を、それまでのようにびしっと成績順に学校を当てはめるやり方では、活かせなくなってきた。

これは根深い問題です。臨教審ができたときに、私は福岡県教育委員会の義務教育担当課長として現場にいて教育行政をやっていて感じたのですが、七五年に進学率の伸びが止まってから臨教審が八四年に発足するまでの約十年っていうのは、ミスマッチの十年だったんですよ。つまり、文部省から現場の先生にいたるまで、教える側は、お前たち、より高度な勉強がしたいんだろう、より長く学校にいたいんだろうって思っている。学ぶ側は、必ずしもそうじゃないよって言ってるのに、それがすごいミスマッチ状態を起こしていて、そのことがいわゆる、昭和五十年代における第一次の中学校の荒れを起こしたと私は考えているんですね。

中学生たちが思っている高校進学というのはすでにそういうものではないのに、文部省をはじめとする教育体制の方は、とにかくその地元の一番いい高校に行くのが最も幸せですっていう序列を作っている。つまり序列があったほうが自分たちにとって幸せだった時代から、序列があったら自分たちにとって不幸せだっていう時代に変わってくるわけなのに、教育する側が序列主義を、金科玉条のごとく振り回したら絶対不適応が起こってくるわけですよ。

臨教審は、そうじゃないだろうと言った。それまでは、できうるならば全員が東大を目指すという画一主義をやってきたわけです。俺は東大なんか目指さないよというやつを想定していないわけですよ。臨教審は、まさに画一主義をやめなさいということを言ったわけですね。

――あの、駅弁大学っていう言葉が流行ったのも、七五年に大学進学率がピークを迎える頃ですか？

—寺脇— いえいえ、駅弁大学という言葉は、大宅壮一が作ったんです。

——じゃあもっと昔……大宅壮一だったんですか。そんな由緒正しい言葉だとは知らなかった。

—寺脇— 昭和二十年代ですよ。

つまりあれは、新制大学ができたときに、駅弁のある駅には大体大学ができたね、みたいな意味で使った言葉であって、そのときの意味は、それがレベルが低い大学だということを必ずしも指していなくて、たったこれだけしかなかった大学が、駅弁のあるようなところには全部できるようになったねっていう意味。

で、おっしゃるように、たしかに昭和五十年代に入って、駅弁大学と言われてできてるような大学に行く価値があるかどうか、という事態になってきた。それだったら専門学校でもいいよという文脈のなかで、再び駅弁大学というような言葉が語られたということだと思います。

——なるほど。今理解しました。

—寺脇— だって、それこそ、昭和五十年代に駅弁売ってるところは、昭和二十年代に駅弁売ってるぐらいの都市より、もっと増えてますからね。

政治家であるところの、大臣

―寺脇― 鳩山邦夫大臣がその時業者テストをやめさせたっていうのは政治家の動物的勘としか私には思えないですね。官僚は絶対そういうことは思えないんですよ。全国でやられていてまだそれなりに機能しているように見えることをやめさせる、というようなことは。しかし彼の動物的勘は――まあ彼に限らず政治家で揉まれてる人たちは勘というものを持っていると思いますけど――国民はもうそんなこと思ってないよ、と見抜いた。つまり政治家たる大臣は実は教育する側に立ってないわけです。この文部科学省のなかで、次官以下全員教育する側に立っているわけだけど、大臣だけはいわば素人だからこそ、国民の立場で考えることができるわけです。

つまり菅直人厚生大臣が唯一、薬害エイズ事件で被害者の立場に立てたっていうのと同じことなんですよ。話が脱線するかも知れないけど、従来の日本の官僚制度のなかで、大臣はお飾りだとか、大臣はなんにも知らないで一年で去っちゃうとか、それが意味のないことであるかのように言われてきたのは、つまり、どの省庁も上意下達でやってた時代には、上意は幹部官僚が形成していって、それを下に言えば下が聞くわけだから、国民側のことなんか誰も知らなくて済んじゃったわけです。その場合はそこへきた大臣っていうのは、官僚システムによる行政のことを何も知らない人だから、たしかに存在の意味は乏しい。

しかしいまや、たった一年しかいない大臣でも、官僚行政の仕組みをほんとに知ってる人がきたら、パッと何でもできますよ。菅さんだって、厚生大臣あの時そんな長くはやってないですよ。それでも大きく変わりましたよね。鳩山邦夫さんだって、あの時に文部大臣やったのは一年ですよ。一年でその業者テストをやめるというのは、ほんとに世の中を変える、教育を大きく変えることをやっているわけですね。

それが彼の直感なんです。彼がいつも言っていたのは、自分で大臣をやってていろんなことが変だと感じる。それは庶民感情を汲んで変だと言ってるんだ。お前たちはそれはわからんだろうと。彼が、彼の当時の選挙区文京区かどこかの飲み屋で飲んでたら、となりで三十代ぐらいのサラリーマンが飲んでて、話聞いてたら、昔お前、中学の時偏差値どうだった、俺は六〇だったとか俺は五〇だったとか言ってるんですって。で、鳩山さんは、それなんなの、その時の点数で上がり下がりするんじゃないのって聞いたら、いやいや、もうレッテルで、貼られるんです、と教えられて、えっ、とかいう話になって、しかもそれを三十代になってもまだ偏差値がなんぼだったって言ってる。これはなんか変だろうと。

その変だっていう感覚から、国民の側、つまり臨教審答申でいう学習者の側に立つという考え方が出てきたのでしょう。おそらく他の省庁だって、大なり小なり同じだと思うけれど、文部行政については学習者の側に立つっていう理念が出てきて以降、大臣というのは、ある意味学習者の側の代弁者でもあるわけです。

ところでその、昭和五十年代のミスマッチ現象っていうのは、まず学ぶ側にとって苦痛を生むけれども、次の段階では教える側にとっても苦痛を生んでいくわけですね。目指すものがずれてるわけだから。たぶん私は、偏差値が使われだした頃までは、高校の先生のモチベーションが、勤務する学校によって変わるというのはあまりなかったと思うんですよ。まったくなかったとはいえないけれども。旧制の一中とか二中とかのナンバースクールみたいなところの校長になったりするとうれしい、とかはあったかもしれないですけどね。でも、校長はともかく教員は異動するわけだから、そういう意識もあまり持つ理由がないじゃないですか。

ところが昭和五十年代ぐらいになると、例えば都市部の偏差値の高い進学校の先生が、偏差値輪切り当時の言葉で「底辺校」みたいなところに転勤しなきゃいけないというようなことが起こるわけですよね。そうするともう、くさっちゃってやる気もなくしちゃうみたいな、教える側の問題も出てきちゃったんですよ。

なかでも一番問題だと思ったのは、底辺校といわれる学校というのは農業高校とか工業高校とかそういうところになっている。偏差値で序列していけば。

おかしな話なんですよ。職業高校は特別の目的を持った養成学校なのに、普通科高校と全部一緒くたにしてひとつの序列の中に並べてしまった。

そこから、別の意味で、入学試験の偏差値輪切りとは別の次元の話でですよ、全部普通科高校にすればよい、という議論が出てくるわけです。端的に言うと、成績が低いがゆえに農業高校に行かざるを得なかった生徒ばっかりになってる。農業高校にいる人は成績が低い集団であって、農業をやる気がまったくなくても、農業高校にくるようなシステムはおかしい。

それを正すには二つのやり方があるのです。一つは業者テストをやめて、偏差値輪切りをなくして、農業高校に行きたい子どもは成績がよくても悪くてもそこへ来る。というようにするか、農業高校を全部潰しちゃうか。いずれかなわけです。高校は全部普通科にしといて、農業者になる人はそのあと勉強すればいいよというやり方に変えるか。単純に言えばその時は、そういう二者択一だったと思います。

実はこれ、今だから言いますけれども、私が職業教育課長になったのは九二年の七月です。で、大臣が業者テスト廃止を言い出したのは九二年の十月です。この七月から十月までの三ヶ月間に私が考え、悩んでいたのはこの二つの選択肢のうちどちらを選ぶべきかということです。

職業教育課長っていうのは、農業高校とか工業高校の担当で、普通科高校は別の課長の担当だったわけですから。先ほど申し上げた状況を打破するためには道は二つしかない。一つはこれを潰す。だから受験制度はそのままで、私が最後の担当課長になるぐらいの覚悟で、職業高校をなくして全部普通科にしていくのが一つのやり方。もう一つのやり方は、受験制度の偏差値輪切りを変えて、職業高校を復権させると。もちろん後者を選びたいのだけれどもそれは非常に難しいと思っていたら、鳩山大臣からの神風がそこで吹いたわけですよね。

そこで死に物狂いで働かせて頂いたわけですが、当然批判も来る。全国的な習慣を変えようとするのだから。その時には、例えば「寺脇はゆとり教育」とレッテル貼りみたいなことをされるのと、まったく同じことが起こったのです。ゆとり教育の場合は、それこそテレビのワイドショーにまで出るようなレベルでやってたから、むちゃくちゃも言われましたが、業者テスト撤廃の時だって、それは全国民の関心事ではないものの、中学三年の子を持っている親にとっては重大な関心事ですから、その範囲内でだけれども、やっぱりやられるわけですよ。あいつは偏差値が憎いだけだとかね。それこそゆとり教育の時と同様にマスコミが「ミスター偏差値」とかいって偏差値退治とかいうものだから、偏差値そのものが悪いわけじゃない、とかいう揚げ足取りがくるわけなんです。

もちろん偏差値そのものが悪いわけじゃなくて、業者テスト廃止、偏差値輪切り廃止というのは、あくまで手段であって目的ではない。目的は何かというと、さまざまな高校、バラエティのある高校を作っておいて、子どもたちに、自由に選択させたい、っていうことですよね。もちろんまったく自由っていうわけにはいかなくて、あるところに希望者が多い場合には絞り込まざるを得ないとしても、希望者選択制を作りましょうということですね。より選択度の高い高校選びをやりますよということが目的だったんです。

変化の時期にはセイフティ・ネットを張るのが鉄則

一寺脇一　私はそのあと広島県の教育長になって、県の立場で高校入試を改革することになりました。広島に行って、すぐ広島県の偏差値輪切りの入試制度を変えて、生徒が自分の希望校を選ぶようにした。ということは、偏差値輪切りでやってたらすっかり収まるのに、生徒の希望に従うと、定員割れする学校とはみでる高校が出てくるわけじゃないですか。ということは、そこのセイフティネットを張らなきゃいけない。だから、ほんとにその、ゆとり教育なり今までの教育改革が、弱者切り捨てだとか格差社会を作ると論難する人たちが何も理解していないのは、セイフティネットを作らない限りこんな変革なんてできないんですよ。それは私たちもちゃんとわかっていて、やってるんですよ。

業者テスト撤廃のときだってね、必ず言われるわけです。業者テストがなくなって偏差値もなくなったら、親が金持ちで塾に行かせられる子どもはどうたらこうたらみたいな話を、また言われる。でも、こちらはセイフティネットを張っているにきまっているわけです。もし自分の力をわきまえずに、自分の好みで高校を受けた子どもがいて、結果として落ちた時には、なるほどその子もその時点で自分がそこに入る力が足りなかったっていうことは納得するわけだろうから、といって浪人するのは嫌だと思ったら、これだけ空いてる学校がありますから、というので、あれはたぶん全国でも広島が最初にやったんだと思いますけれども、

――第二次募集。

寺脇　二次募集というか、当時で言うと三次募集。一次は推薦入試っていうのがあるので。でもまあ、いわゆる二次募集です。本入試が終わった段階で、空いてる学校が空き定員を提示していって、今度はもう対象人数も少ないから、ミスマッチしないように話し合いで決めていって、入れるようにしていくというセイフティネット。つまりこれは、自由に選択できるけれども、その結果失敗した人は、第一希望じゃないところに行ってちゃんと第二希望で再挑戦できるようにしていくっていう意味でのセイフティネットですね。

だから本当は、教育を議論する人たちが、九二年の改革のことをきちんと勉強してくだされば、それの十数年後のいま、それがうまく行ったというか、少なくとも重大な不都合が起こらなかったという結論のもとに、議論してほしい。いわゆる教育学者たちは九二年も知っている人が多いからあまり言わないのだけれども、激しいゆとり教育批判をする人たちは、九〇年代の終わりになって議論に参入してきた人たちですよね。例えば和田秀樹さんでも苅谷剛彦さん

でもね、九二年当時のことなんかおそらく何にもご存知ないと思います。彼らは、「私は教育学者じゃないから」って言うかも知れないけどね。

いわゆるゆとり教育バッシングで、私と敵対した人のなかに、教育学者は一人もいませんよね。腹では思っている人はいるかも知れないけど、そこでつっかかってきたら、だってあんた前こうだったんじゃないのっていう話になるわけで、つまり九二年の話を知っていれば、そのときと同じようなことをいまやっていて、「成算もないのに」とか言うけど、私は「誠実」だから、「それは確たる成算はありません」って言っちゃうから、攻撃されますけれども、その九二年の改革のときに、同じ心配もあったなかでやっていって、それなりに結果は問題なかったわけです。教育学者なら、それを知らないのはおかしい。

当時もよく「失敗したら責任をとれ」とか言われましたけれど、その都度私が言っていたのは、そのとき責任を取らなきゃいけないのは、あなたたち批判者に対してじゃなくて、今中学三年生のこの子たちに対してだよ、ということです。一九九二年度に中学三年生だった人たちだから、今二八、九歳になっている人たちの将来が、業者テスト撤廃でなにか左右されたのか、重大な問題が起こったのかっていう話ですよ。

――偏差値輪切りをやっている業者テストを撤廃するというのは、完全に序列化された高校像ではなくて、いろいろな個性をもった高校が出てきたらいい、それを主体的に選ぶ中学三年生が増えたらいい、ということですよね。そうすると、誰が考えても、希望の分配率が増えるわけですよね。単一の尺度しかないと「俺は百人中八五番目だ」っていうことだけで高校が決まるわけですけれど、俺はこの学校のこういうところがいいから入りたい、という別種の基準が出てくる。

寺脇　そうなんです。

――より多くの人間がいろいろな価値観のもとで自分なりの希望を持って生きられるような社会にしよう、というような志が寺脇さんにはあった?

寺脇　私の志うんぬんというより、それがまさに臨教審答申に沿っているわけなんです。少子化なんだから、そして豊かな社会なんだから。子どもの数が少なくなったがゆえに、高校からあぶれる子がいなくなった。豊かな社会だから、あぶれなくなったその高校も画一的なものではなくって、いろいろな特色ある高校を作れるような豊かさが出てきた。

そしてかつ、科学技術の高度化、の意味するところは、「先が読めない」ということだから、これさえやっていれば絶対一生幸せだっていうことは、もうない。そうである以上、みんなが自分の選択によっていろんな道を選んでいくことによって、社会全体のリスクも分散できるし、本人にとっても、自分が選んだ道が、その時は良さそうに見えても後にその道は滅びちゃったとしたら、別の道でやり直せるように、道筋を作っておきさえすればいい。

これが大人社会の、そしてわれわれ行政のするべき仕事ですね。

しかも、自分の道を選ぶときに、中学の先生が言ったからこっちに行ったらそれがダメになっちゃった、という場合はそれは不満が残るけど、自分が選んだんだけど、やっぱりそれはうまくいかなかったな、ということならまだしも納得がいくし、人の生き方として健全なのではないか。

そして、それをやるだけの状況というのができてきてるんじゃないでしょうか。情報化もこれには関わっていて、今の大学選びなどを見ていると、受験生たちは大学を選ぶときにインターネットでいろいろなことを調べているじゃないですか。昔はこの大学は偏差値いくつ、っていうくらいの情報しか与えられていなかったのに、その大学にはどんな先生がいてどんな講義をしていてって、シラバスから何から、今は見られるようになっている。

情報が乏しい時には単一の情報だけで、偏差値という情報だけで学校選びをしていくことにもなりがちだけれども、情報化社会になっていろいろな情報が共有されるようになれば、偏差値的な、入学時に求められる学力レベル以外のところにも、魅力を見出す受験者も増えてくるだろうし、大学側もそういうアピールができるようになってくるわけですよね。

もっと言うなら、昭和三十年代四十年代に、中学生が、受験する可能性のある高校を見学に行くなんていうことはやろうとも思わなかったし出来もしなかった。高校側がそんなことをやるマインドもなかったけれど、情報化時代になってくれば情報開示をしなくてはいけないわけだし、今高校側で、あなたの学校受験したいんだけど見せてくださいって生徒が来たときに見せないなんていう学校はあり得ないですよね。

そういう諸相の変化を踏まえて、九二年改革っていうのを、よく検証すべきだと私は思うんです。ゆとり教育バッシングが起こっちゃったっていうのは、そこを理解していない人たちが参入してきたのでこうなっちゃったっていうことなんだろうと思うんですよ。

九二年の改革はもちろん、業者テストをなくしただけではなくて、小学校で総合的学習の時間[8]の先導としての生活科というのを導入したり、学校週五日制を月一回トライアルとして導入してみたり、それから、高校では実質的に単位制に転換して、自分なりのカリキュラムがつくれるように変えたりしました。それからもっと大きな流れのなかでは、家庭科の男女必修っていうのを導入したのも九二年改革です。つまり今までは、男女でカリキュラムが違う制度だったのを、チョイスできるところは広げていくと同時に、必修のところは男女とも同じにした。つまりそれは生活能力重視という発想ですよね。だいたい九二年改革の時なんかみんな気づきもしなかったけれど、一九九〇年代になってまでも、高校で、男子は体育、女子は家庭科、つまり戦前の、男は兵隊に行くから体育やっとけ、女は銃後の守りをするから家庭科をやれ、ということの延長をやってたっていうことですよ。

先ほども申し上げた、主要教科と非主要教科といった考え方の転換というのも、その時図ったし、九二年っていうのは一つ大きなターニングポイントです。それから十年、それを見守りつつ二〇〇二年に行ったわけだから、なんの調査もせず経験もなくやったみたいな批判というのは的外れだと思います。

「ゆとり教育」の一貫性

――今までのお話のなかに大体お答えはあったんですが、社会がこれからいろいろに変わっていくだろうという予測のなかで、それがゆとり教育という概念に結実していったというところを、もう一度整理していただいてもいいですか。

一寺脇一　はい。

臨教審で八七年に理念が出ました。その理念を具現化するために教育改革をそこからはじめた。それが間違いだって言われればもうなんにもならないんで、それはだって役人が勝手に決めたんじゃなくて、それこそ国民の代表があれだけの審議会をやって決めたこと、それを実現しろと言われるから一生懸命やったわけです。かつ、性急にやったらみんなも納得しないだろうから、八七年から五年後の九二年にまず、まず一部を変えて、そして十年後の二〇〇二年を期して、答申にあった方向を全部、かなり実現できるようにしていこうとした。

その流れは、ひとつは、横並び打破ということ。そのことにもまた、いろいろな方向から批判があるんですね。よく財界人などで横並びを批判する人は、みんなお手手つないでゴールインを目指しているから日本はダメなんだ、なんて言う。でもその時に、「僕は本当は足が速いから一着になれるのに」っていう人の不満だけを言うけれども、足が遅い人の気持ちはあまり考えないんですね。

そして、同じスピードで学習を進めていても、早い子と遅い子がいるから、そのままでは遅い子が、わからないまま、傷付いたまま黙っていることになる。それで習熟度別の学習ということを考えたわけですが、習熟度別学習は階層を作るから遅い子をかえって傷つける、という人もいる。しかし、現実に習熟度別学習がかなり普及してきたときに、そのことによって傷つきましたとか、重大な問題が起こっているのかどうかっていうことですよ。

よく新聞なんかでも取材に行って聞くじゃないですか。「遅い」クラスの子どもたちに「どうなの?」って聞いたら、つらいとかも言いますよ、そりゃ。その一瞬においては。だけれど、そんな一瞬において言っていることを言い立てたってしょうがないじゃないですか。

九二年の業者テスト追放のときに、中学三年生たちはたしかにかなり悩んだと思いますよ。実際、業者テスト廃止なんか絶対反対だと、マスコミのインタビューに答えた生徒も少なくなかった。でも、私もその世代に対してはものすごく責任を感じているので、その世代の人に会ったときに聞くと、もう忘れてますよ。そのぐらいのことですよ。

あのときに偏差値輪切りがなくなったことによって自分がひどい目にあったとかいうことを覚えているようなことならそれはやらないほうがいいことだと思うけれども、え、僕は関係ないですよ、って。何年に中学生だったの、とか聞くと、あ、そうでしたかねーぐらいの話なんですよ。長い人生のなかでは。

そして、その世代の一年上とか二年上の人たちに、聞いてみるとどうなのかというと、それはまさに鳩山さんが言ったように、偏差値が六〇だったとか言ってるわけじゃないですか、いまだに。今の二十代の人たちはそんなことは言わないわけですよね。

――トラウマがないわけですよね。じゃあよかったわけじゃないですか。

―寺脇―　そうそう。そして、まだその偏差値がなんぼって言っているのは幸せなほうで、やっぱり、一九九二年に私が担当になって最初に感じたのは――その担当ですから情報を集めるのですが――そうすると、農業高校に行ってることが人に知られたくないっていうので、制服の帽子を隠して歩いてるとか、親戚の集まりでどこの高校って言われたときに何も言えずに泣いちゃうとか、そんな話はさんざんあったわけですよ。

「選択肢を多く」という話を吟味する

――いまは変わってきましたものね、それは。へぇー農業高校なんだ、バイオとかやるの？　自然農法とかを考えてるの？　といった感じですものね。初対面でも話題がある。普通高校の生徒と今会っても、何から話していいかわからないけれど。

―寺脇―　そうですね。作家でジャーナリストの日垣隆さんとは一度ゆっくりお話したことがあるんですが、日垣さんのご長男は農業高校から国立大学の畜産学科に進んだといいます。最近の御著書を読むと、いまは一年間、北海道で畜産の住み込み研修をしているそうですよ。「フリーの牧畜家」という夢を叶えるため大学を休学して、北海道の牧場で実地を学んでるっていうんです。次女も農業高校の畜産科学科から起業することを学ぶための志望大学に合格したという日垣家は、三人のお子さんのうち二人が農業高校を選んだことになります。

きちんと調べてもらえばわかりますが、最近、多くの大学が農業や工業など専門高校の推薦入学枠やAO入試での特別枠を設けているのです。静岡大学では、昨年度まで全学で二二名だった枠を今年度から四七名に約倍増させて、ゆくゆくは全入学定員の一割に当たる二〇〇名まで持っていきたいと学長が宣言しています。全国の大学合わせると一〇〇〇名くらいの枠があるのではないでしょうか。

――交換留学などに行く子も多くなっているし、一年なら一年学校を休んで別のことをする、あるいは何もしないで考えるという選択をする子も多くなっているし、考えてみれば、選ぶというような姿勢は、根付いている感じはしますね。

―寺脇― いや、もうそうですよ。そのときに、金持ちの子ほど選択肢が大きいというような言い方が出てくるわけだけど、それは昔も今も同じですよ。今は偏差値輪切りがなくなったから、誰も言わなくなっているけれど、九二年に業者テスト追放に反対していた人たちはなにを言っていたかというと、そんなこと言ったってあんた、子どもにそんなのわかりゃしないんだから、子どもが農業高校行きたいって言ったって、うちの子は成績いいわけだから上に入れとかなきゃって言うわけですよ。

でも子どもさんは農業勉強してみたいって言ってるのに、成績は確かにいいからこっち入れるかもしれないけど、大学進学を目指す高校に行って、それでただ大学に行ってどうするんですかってこちらが反論したときに、その親がどう言うかというと、やっぱり「選択肢を広げるため」。より多い人生の選択肢を子どもに持たせるために、金かけて塾に行かせて偏差値を高めて、有名大学に行かせることを「選択肢を広げる」と言う。つまり東大に行くという一本道を邁進させることが選択肢を広げることだって言っていた。

そういうときも、金持ちはそこに行けるから選択肢は広いけれど、貧乏人はそこに上がれる可能性が低いから選択肢が狭いって言われているわけだけれど、実は、進学校じゃない高校の方が、そこで学べることの選択肢は広がっているんです。

九二年の段階で私が言ったのは、学習指導要領で外国語をやらなくてはいけないとは書いてあるけど、それが英語でなくてはいけないなんてどこにも書いてないわけで、なんで日本で五千もある高校がみな判でついたように英語しかやらないのかね、と。でもやっぱり普通科高校はなかなか変わらないけど、商業高校あたりが変わるわけですよ。北海道の商業高校でロシア語やってみようとか、福岡の商業高校で中国語や韓国語やってみよう、ということが起こってくる。もういまから一四年前ですよ。

そのときに、じゃその福岡市立の商業高校に入った子どもたちっていうのは、たぶん東大を目指すっていう道から言うならばそうではない方だろうけれども、そこへ入ったおかげで中国語を学ぶとか、韓国語を高校生の時点から学ぶっていう選択肢を得られているわけじゃないですか。私の想像では、もし当時、高校で、中国語や韓国語を高校から学んできた子どもが、いま大人になって、福岡の商業界で働いてるとするならば、今日中国や韓国とこれだけ密接に交流しているときに……

――アドバンテージですよね。

一寺脇一　どれだけのアドバンテージがあるかっていう話ですよ。今や福岡とプサンは高速艇で三時間弱で行き来できて、大勢の市民が盛んに往来しているんですから。

でも確かに、九二年当時に、そんなに韓国人が来てたわけでも中国人が来てたわけでもないでしょう。それも結局たまたま私は未来予測しただけの話だけど、子どもたちは結構無意識にそれをわかってたんだと思う。全員が英語しかやってなかったら、ロシア人来たときに誰が話すの?　みたいなことですよね。だから「選択肢の広さ」っていう言葉は使い方の難しさがあって、なんでも高い資格や学歴へ結びつけていく人からするならば、それはどうやったって、金持ちの方が選択肢が多いみたいなことになるわけですね。

知識であるよりも、マインド

――ゆとり教育を考えられたのは、成熟社会になるにつれて、さきほどからおっしゃっているマインドの部分を大事にして、応用力のある人間を育てなきゃいけない、そのためには、「主要教科」ばかり詰め込むのはやめろという話ですよね。

寺脇――「主要教科」だけ詰め込むのはやめる。それから「主要教科」であっても、個々の知識や技術よりマインドのほうを大事にしてほしいということです。それはいろんな反対者と何百回も議論になりました。ゆとり教育反対論者は、そんなことやらなくたって、詰め込むだけ詰め込めば子どもはついてくるものなんだと言う。それは日本がまだ貧しくて、ある意味内部の競争の激しかった時代はそうだったかも知れません。しかし今度は少子化で、内部的競争の要因は減るわけです。

しかし批判者は言うんですね。大競争時代じゃないかと、しかしそれは、外との競争の話ですよ。世界と競争しなきゃいけないぞっていうのはあるでしょう。端的に言えば、日本では少子化でも、世界では人口爆発なわけだから。だから競争っていう言葉もちゃんと使い分けないといけない。外との競争が激しくなって、一方日本の内部での競争が少なくなれば、それまでの教育と違うマインドが必要になるはずなんです。

――なるほど。しかし「ゆとり教育」が出てきた当時、私も含めてですが、肯定的に受けとめる人たちも多かったと思います。総合的な学習など、全人的・全身的な学ぶ力を、身につけうる方法だと思ったし、今でも私はそう思っています。ところがその後が謎なんですよ。学力低下だっていうことが急に言われるようになって、反動が来た。「学力低下」は、新聞を読んでる範囲でも論拠があやしいというか、ほんとなのかよという気がするんですが。

―寺脇― 学力低下がほんとうだとしたら、これは日本の子どもに限界が来た、としか言えないんですよ。証拠がないんですから。テストやったからといったって、それがどういうテストなのかという問題が残るし。全国学力テストを仮にやったとしたって、それで全ての学力がわかるわけではない。気休めです。

つまり、全ての子に学力テストをきちんとやっても、それで計れているのは、例えばこの子の算数の力がどれだけなのか、ということだけです。けれどトータルな学力、「生きる力」という抽象的な言葉もありますが、例えばまあ単純に言えばですよ、急に戦争が起こりそうになったときにどう振る舞うかなんていうことは計れないわけじゃないですか。

戦争はともかく、お前一人で、例えばルワンダならルワンダに行って、そこで人を助けるとか物を売るとかの使命が与えられたときに、自分でやり方を考え出す力というのはどうするんですかっていう話です。おっしゃるとおり、学力低下論が起きる前、ゆとり教育を説得しているときに、ＰＴＡのお父さんたち、どちらかというと会社人間である人たちが、意外と多く納得してくれましたよ。今年のあなたの会社の新入社員って、学力はあっても、営業に行ってこいっていったらできないでしょって。そこですよって。

学校時代成績がよくて有名大学を出ているかも知れないけど、営業ひとつできないんですよね。困りますよね。これじゃまずいから変えましょうよねって言って変えていこうとしていたら、学校時代のテストの成績の問題が持ち出されて、この数値が下がってるから大変だ、という話になってきた。

学校のテストの成績を上げるために教育改革をしようとしたわけではなくて、卒業したときに知らない人と状況に応じて話すこともできないという、そちらの方を重大な問題だと考えて教育を変えようとしたわけです。乱暴な言い方をするならば、他人とそれなりに適切なコミュニケーションを取れない若者というのは、三十年前にはおそらくごく少数しかいなかったと思うんですよ。

いずれにせよ日本の子どもの学力は下がっていたはず

――ゆとり教育を始めようとした途端に急に学力が下がるということはあり得ないわけで、それよりも、もっと日本社会の長い歴史のなかでも、特に今は若い人が希望を持ちにくくなってきたとか、構造的な問題が効いてきているんじゃないでしょうか。

寺脇　あの、もし日本がですよ、ずーっと詰め込み教育をしていたとしますね。あるいはずーっと最初からゆとり教育だったとしますね。どっちでも学力は下がってる、と私は思うんです。教育方法の問題以前に、社会が豊かになれば学力は下がるというのは、当たり前なんです。これをまず理解してもらわなきゃいけないです。あまりにも貧しいときは教育すら受けられないから別として、発展の途上にある貧しい社会ではみんな一生懸命勉強するから学力は上がるんです。

ゆとり教育がけしからんっていうプロパガンダが盛んで、多くの政治家の皆さんもそれに影響を受けてゆとり路線を転換をしろっていうその直後にですよ、二〇〇三年の七月に与野党を超えた大多数の議員の賛成で少子化社会対策基本法という法律が議員立法で成立しました。その法律の第十四条は「ゆとりのある教育の推進等」と題されています。ちょっと長いけれど全文紹介すると、

「国及び地方公共団体は、子どもを生み、育てる者の教育に関する心理的な負担を軽減するため、教育の内容及び方法の改善及び充実、入学者の選抜方法の改善等によりゆとりのある学校教育の実現が図られるよう必要な施策を講ずるとともに、子どもの文化体験、スポーツ体験、社会体験その他の体験を豊かにするための多様な機会の提供、家庭教育に関する学習機会及び情報の提供、家庭教育に関する相談体制の整備等子どもが豊かな人間性をはぐくむことができる社会環境を整備するために必要な施策を講ずるものとする」

要するにゆとり教育をしろ、と書いてあるわけですよ。結局、学力っていう局地戦で言えば、ゆとり教育を悪者にしてけしからんと言うんだけど、こと「長期的な視点に立って的確に対処するため、少子化社会において講ぜられる施策の基本理念を明らかにする」(同法第一条・目的)となると、ゆとり教育が目指したような方向になるわけです。

日本はその発展期に詰め込み教育をしてきて、その後時代が変化してきたからゆとり教育に切り替えよう、ということなんです。それを、「ゆとり教育になったから下がった」って誤解

して言われるからややこしいんで、実際は社会が豊かになったから単純な学力としては下がるわけです。その時に、また詰め込んだら上がるかっていうと、そうじゃないですよ。

つまり、基本的に単純学習へのモチベーションが下がっているわけだから、そういうところに詰め込んだって、つまり食欲がない子にいくらたくさん食べさせたってしょうがないっていうことですよ。食欲が昔はあったのになくなったっていうだけの話なんです。

だから、昔の詰め込みっていうのも理に適《かな》ってて、食欲があるときには量をたくさん出す、ということだった。それは私は間違っていたとは実はあまり思っていないんで、昭和のあの時代に詰め込みって言われるような状況があったことが一概に悪いとは言えない。詰め込みの弊害はもちろんあったでしょうけれど、詰め込み自体が悪いとは思っていないんです。いまは、食欲が落ちてきたら、食べる楽しさを考えるとか、どんぶり飯をただ何杯もかっこめばいいいんじゃなくて、味をちょっと変えてみるとか……

――いろいろなメニューを用意する。

寺脇　そういうことをしようっていう話なんです。それからそもそも、食べるとこんないいことがあるんだよ、ということをわかっていく。

食べるといえば、ゆとり教育はけしからんと言ってた人たちが、いま何をやろうとしてるかというと、食育をやれ、なんて言っている。その人たちはいいこと言ってるとは思いますよ。つまり、昔は食育なんてわざわざ言わなくても、みんな食べるのに必死だし、食べたいし、自分の体が欲してるから、どうにかこうにかしていろいろ食べますよ。それが今度は飽食の時代になってきたから、ハンバーガーしか食わないとかそんな状態が出てくるので、ハンバーガーしか食わないなんて昭和三十年代にはあり得ない話なわけですから。これは実際の食物の話ですが、いまなぜゆとり教育が必要か、ということに通じる話なんですよ。

——なるほど。

一寺脇一 議員さんたちだって、世の中の動きから目を離すまいとしていますから、例えば議員の勉強会があるときに、ゆとり教育バッシング論者が来て、こんなに子どもの学力が下がっている、ゆとり教育はダメじゃないですかっていったら、それはそうだ、いかん、いかん、と思ってしまう場合もあるわけですね。ところが次の日に仮に、今度は少子化の問題を考えよう、という会合の時には、おいおい、少子化対策のためにはゆとりのある教育が必要じゃないかって思うわけですよ。総合的にものを考えればそうなるのに、狭い意味での学力が下がったっていう見地で言われれば、それは御説ごもっともという話になってしまうわけです。

狭い意味での学力＝国力ではない

――そういう狭い意味での学力が国力を表すと思っちゃいけませんよね。

寺脇――うん。狭い学力を国力だと思い込んでしまう人は多いんですよね。一見分かりやすいのか。

――まあ日本人は「失われた一五年」以前、工業化とか経済力とか、いろんなところでトップにのぼりつめたという思い出を持っていますから、それがどうも時代が転換してこれからはある意味数値的に下降――それは寺脇さんの言われるように「成熟」ということでもあるのですが――に向かうことについて、デリケートなんですよね。マスコミもどうしてもその不安を煽ることになるし。

寺脇――一方で、先にふれた少子化社会対策基本法という法律が〇三年にできているんですよ。

こちらの方は成熟社会を見つめて、「ゆとり」的なんです。一方で「学びのすすめ」とか言っているときで、政府の言っていることにもチグハグな面があるんですよ。

――豊かな人間性をはぐくむ社会とか?

―寺脇― そうそう、そういうことが書いてある。だからね、なんて言ったらいいのかな、学力論争っていうのが不毛だっていうのはそれはそういう意味では不毛なんですよね。時代は成熟社会を見据え始めているんだから。

私は文化庁に移ってから、もうその手の人たちとは一切議論しないということにしました。そうすると、卑怯だと言われる。卑怯じゃないですよ。それまでは、ほんとはあんたたちみたいな人たちと議論なんかしたくないんだけど、「ゆとり」の広報担当者だったから、それはどんな僻論《へきろん》に対してだって、議論していかなきゃいけなかったけれど、そうじゃない立場になってまでそんなつまらない議論はしたくない。

もしそこで批判者たちがね、日本はアジアなんかとは付き合う必要はないんだ、そういうことについて議論したいっていうんだったらそれは受けて立ちます。相手の立論が、日本はアジアなんかと付き合う必要がない、もう一度バブルの時代をつくるんだ、ということであれば、そのための教育法としたらゆとり教育はおっしゃる通り間違っております、という話なんですよね。

——教育の方法論以前に、社会観、世界観の違いがあるわけですね。

—寺脇— そうです。ちなみに、尾木直樹（教育評論家）さんが最初に指摘したんですが、ゆとり批判を言う人は女より男、受験学力が低い人より高い人、社会的地位が低い人より高い人、経済力がない人よりある人という傾向があるというんですよね。

公務員たる教員の本分とは？

——学力低下だというキャンペーンがあって「ゆとり」が一回ガツンとやられたとしてもですね、環境のこととか食育のことなどに、議員さんまでが感受性を伸ばしているのだとすると、「総合的な学習の時間」というのは大丈夫ですか。

—寺脇— 私はなくならないと思いますよ。例えば今後「総合的な学習の時間」を一切なくすとか、仮に文部科学省が決めたとしますよ。そしたらまた大騒動ですよ。大騒動っていうのは、現場が混乱するとかいう矮小な問題じゃないですよ。だいたい「現場のことを考えろ」とか、教員中心の議論がまた世の中を混乱させるんです。ゆとりを作ってもなくしてもね、方針が変わると、現場の教員がそれに振り回されて大変だ、とかすぐ反発が来る。でも行政の変化に振り回されると言ったってそれが仕事なんだから対応するのは当たり前じゃないですか、公務員なんだから。

現場が困る、という視点は、私は勘案する必要はゼロだと思っているんです。つまり教育論議を混乱させているもう一つの要因はそこなんですよ。「現場の声を聞け」的な論調は、これは進歩的と言われる新聞で特にそれが強い。一方保守的な新聞はまた、教師を甘やかすな、と厳しい議論を載せますが、その両者の間に交流とか建設的な議論なんてもちろんなくて、それぞれの陣営の内部では、社会観が違う人たちの議論は捨象してしまって、内輪で閉じているんです。

私だって、社会観の違う人から非難されるのは当たり前ですよ。前の戦争は正しかったとか、靖国に総理が参拝するのは当たり前であってそれに文句を言うなどとんでもないとか言ってる人たちから反対されるのは当たり前なんです。例えば私はよく櫻井よしこ（評論家）さんからメディアの上で厳しいお叱りを受けますが、櫻井さんの社会観から言えばゆとり教育とか寺脇の社会観はおかしいに決まってますよ。だけど、この社会全体で広く議論したときに皆のコンセンサスとしての社会観はどうなっているのかが重要なんじゃないですか。

現場は混乱しないほうがよりいいけれども、そのことが何かを変えちゃいけない理由には絶対ならない。合法的に変えられる限りは。私ら公務員ですもん。私らが、例えばコンピュータを今日から使いなさいって言われたら使わなきゃいけないんですよ。消防隊員が消火法の指針が変わったっていったらもう馬鹿馬鹿しくてやってらんないって言いながらさぼっていたら、そんなこと許されますか？　それなのに、こと教員となると、こんなにくるくる変わったんじゃうちらもやる気が起きませんね、だとか、マスコミのインタビューに公言できる神経ってすごいと思う。それは公言する教員だけが悪いんじゃなくて、公言させる社会の体質がよくないんですよ。

どう決められたことであれ、国民が納得して合法的に決められたことがゆとり教育だったらそれをやらなきゃいけないし、それに反対だったら辞職すればいい。辞めたくはなくて公務員の立場にしがみついてはいたいが、これは自分の好きなやり方じゃないからやらないとか、そんなことをやってるからいけない。

実は日本の学校の問題点というのは、教育の制度や構造の問題だけではなしに、その学校の先生という公務員の、体質を改善しなきゃいけないんですよ。悪しき公務員体質、自分は絶対守られてるから、勝手放題言うっていう、体質。

それとあと自分のつまらない政治的信念を教育現場に持ち込むということ。つまらんというとあまりに攻撃的だけど、国旗国歌反対もそれなりに意味がないわけじゃないけど、そこにあれだけのエネルギー使うんだったら、総合的学習の授業でもちゃんとやれよって、思います。別に国旗国歌だけを言ってるわけじゃないですよ。あるアイテムに、過度の情熱を注ぐんだったらっていう意味ですよ。もっと別の例で言うなら、部活の指導にものすごい努力と能力を注いでおいて、いい授業をろくにやらない教員を、「部活に熱心な良い先生」だなんてそんな馬鹿な話があるかい、というわけですよ。

　つまり教員の本分は自分の担当する授業を子どもにしっかりやることなんだから、日本中の学校で総合的学習をやるということが決まった以上、それに全力投球するのっていうのは当たり前の話じゃないですか。でもそれを、しなくてもいいって言ったり、テレビの番組で、ああ私はこんなのやってませんよとか嘯《うそぶ》いても平気な、つまりそれを許してる国民っていうのが結局そういう公務員を作ってるわけで、それはいろんな、なんとか公団の問題とか大阪市役所の問題とかで全部噴きあがってるわけじゃないですか。大阪市役所だって、大阪市役所があんなことしてるのを少なからぬ人々が知ってたんでしょう、大阪市民は。だけどみんな見て見ぬふりをしてたわけだろうけど、学校だってそこがね、きちんとしないと、もたないですよ。

——この国でありこの公務員である原因はこの国民だからですよね。

─寺脇─ 国民の皆さんは、公務員はそれじゃいかんぞと考えてきている時に、むしろマスコミは先生がかわいそうだって書く。それに、そうだねって同感する国民の割合は著しく減ってると思うんだけど、新聞の書き方は変わらないんですね。例えば、新聞には、先生たちが忙しくて大変だって書いてあるけど、国民、私が知る国民は、そんなふうに言うなら他の仕事をしている自分も忙しいってみんな言いますよ。

総合学習は地方で根付いている

──いろんな地方で、総合的学習の実践が根付いていって、今までの主要教科を中心とした教育観とは違う、もっと感性とか身体性に関わった教育とか、面白い試みが行われているというお話をこの間されましたね。

─寺脇─ それはね、いろんな理由がありますが、理由の一つは、地方にいる公務員のほうが真面目だからですよ。一言で言うと。大阪市役所なんていうのは、あんな巨大な市役所だから、誰が大阪市役所の人かわかんないような状態じゃないですか。そういうところでは公務員は必然的に、本人の資質と無関係に腐敗する可能性が高いんですよ。一方、田舎に行ったら、あの人は先生だって四六時中見られてるわけだから、そういうところでは公務員が腐敗する可能性が低いわけです。したがって、例えば同じ公立学校の先生でも、東京の都内にいる先生のほうが匿名性が高いものだからさぼる確率が高くなって、地方にいる人は匿名性が低いものだからさぼる可能性が……そういう悲しい分析だけじゃいけませんね。

問題のもうひとつは、公務員であることの誇りを持ちやすい状態であるかどうかですね。公務員であることの誇りが持ちやすい状態では、自分の仕事を素晴らしく遂行することによって誇りをさらに高めたいという欲求が増していくし、頑張ったって褒めてもらえないようなところでは、もういいやってなっちゃうっていう。そういった教師のモチベーション論っていうのが一つある。

それからやっぱり、地方のほうが、これまたいいか悪いかは別として、決まったことならそれでやってみようっていう意識が強い。保護者や地域のなかにもね。総合的学習って決まったら、やってみる。それはなぜかというと、理屈をつければ、代替性がすごく少ないわけですよ。進学塾もなければ私立学校に進学する道もないところで、詰め込み勉強の努力ばかりしたって無意味だから、そっちをやることになりますよね。沖縄県の竹富島で総合的学習がうまく行ってる、というのは、ひとつには竹富島に行ったら他の誘惑は何一つないわけだから。

——生涯学習の時代で、みんな芯には自分っていうものをもちながら、いろんな状況に対応していかなきゃいけないというのが本当だとしたら、まず先生もそうじゃなきゃいけないわけですね。

一寺脇一 そうそうそう。先生と限らず公務員が。実は生涯学習社会のなかで一番取り残されているのが公務員なんです。あの、学校の先生は早く死ぬってよく言われる。これは俗論ですが、調査的にはどうだかわからないけど、わりと早く死ぬって言われるのは、激務だったからとかじゃなくって、退職して急に生き甲斐をなくす率がいまだに高いから。つまり、地域社会のなかでそこへ皆と同じに溶け込めないのが、公務員だとよく言うじゃないですか、定年後に地域社会の一老人になった時に、先生は指図《さしず》する口調でしか言えない。一般的に公務員は公務員だった過去をひきずってしまう。

たしか、二〇〇〇年ぐらいに、日教組と文部省と一緒になって作っている、これはもうニュートラルな、教職員生涯福祉財団っていう教職員の退職後の活動を支援する財団があって、そこが調査して、現役の教員と、教員以外の人たちに同じようにアンケートして、地域活動をどれくらいしてますかって言ったら、現役時代にすでにすごい差がついてるわけですよ。

——そうですか。

―寺脇―例えばPTA活動してますかって言ったら、教員で自分の子どものPTA活動してる人なんてうんと率が低いわけですよ。

――社会の側もね、いつでもどこでも先生先生って呼んでしまうわけでしょうから。

―寺脇―先生先生って呼ばれてるのは結構だけど、定年後になっても先生とは誰も遇してくれないときにどうするのっていう話。私だってそうですよ。この四月に退職を予定してたときに、自分で一番恐れていたのはそこですから。自分が今までは、もう三一年、ここで部長の課長のって言われてやってきてね、ぽっと外に出てね、ひとりの人間としてどうやっていくのかっていう不安感、それはものすごく強かったですよ。そこはもう、そういう肩書きで仕事をしている人間の宿命ですね。

生涯学習社会のなかで、女性のほうが自立度が高いとよく言われます。一人の人間として地域社会のなかでうまく生きていけるかっていう話ですよね。例えば、団地の自治会なんかでもパッと参加してやっていける能力があるのか。みんなとちゃんと話し合っていけるのかとかね、そういうものが、生涯学習社会の目指すものだとするならば、公務員の達成度はものすごく低い。かつ、公務員にしても教師にしても、いわゆる学歴社会のなかの、東大を目指すずっと一本道で行ってる方の、より上の方にいるグループは、なおたちが悪いですよ。

「公正さ」こそが肝要

――時代が変動するなかで、こと教育については、いかにフェアネス(公正さ)が大切か――公平、全く同じだという意味ではなくてですね、教育が公正であることを守っていけるだろうかというお話をこれから伺っていきたいと思っています。

例えば国を愛せ会社を愛せ、社会を愛せといわれても、そこで行われていることがフェアじゃないと思ったら愛せませんからね。

寺脇――そうですよ。私のモットーも、公平でなくてもいいから公正じゃなきゃいけないということなんですよ。この社会は公平ばっかり求めすぎていると思っています。それこそ格差っていうのは公平じゃないって多くの人は言ってるんだけど、公平じゃなくていいと私は思っています。入学試験だって、公正にやりさえすればいい。

それを「公平な入試」をやろうとするから日本の入試が変なほうに行っちゃっているので、

例えば大学院の入試なんか面接して決めてるじゃないですか。学部の入試だって、もしその労力が使えるならそれでやってもいいはずだと思います。でもそれは公平じゃないって言う人がいる。それは違うだろうと思います。じゃ大学院の入試は、公平じゃなくていいんですか。大学院の入試は公平じゃなくてもいいのに、学部の入試は公平じゃなければいけないという理由如何？　というふうに、大学の先生に問いたくなるよね。

――実際には全員面接するのは不可能だから、ってだけのことですよね。学部の場合は。

―寺脇―　そうそう。でも、例えば医学部なんかではできるはずなんですよ。それに、やるべきです。二〇〇人ぐらいに絞っといてからやればいいわけですから。

――そうですね。

―寺脇―　他の学部だって、基本的に学生一人あたりの教員の数は、医学部は特別に多いけど、ほかは基本的に比例しているわけだから、一人が何人ずつか面接していって決めればいい、ぐらいのこともあっていい。今おっしゃった意味での公正は絶対保ったうえで。

――なぜそうしたか、説明できればいいんですよね。

―寺脇― そうそうそうそう。だから、私ね、今だから言えるけど、学力論争なんてほんとはやりたくもないけど仕事だからやってたわけですよ。もうやりたくないですよ。やるんだったら社会観の論争はやりたいですよ。でもそれは、学力論争をしていた相手の人たちとはやりたくないです。その人たちの社会観はわかりきってるし、つまんないから。

でも、櫻井よしこさんぐらいになると広い視野で考えてらっしゃるから、私とは違うけどこの人の社会観ってなんだろうっていろんなことを突き詰めて伺ってみたくなりますね。

――ぶつかり甲斐がある。櫻井さんはひとまとめにすれば保守系と言われますが、自分の頭で考えられたことしか言わないですものね。

―寺脇― そうです。実は私、意外でしょうが西部邁（反米保守系の思想家）先生とは親しくさせていただいてるんですよ。西部先生のまわりにいる、「新しい歴史教科書をつくる会」系の人たちが、なんで寺脇なんかと付き合ってるんですかって言ってるらしいけど。それは、学力問題で西部先生と議論したら対立するかも知れないけど、ひとつの問題に限って対立するのでなく、同意できるところも違うところも含めて社会観の話をしてるんだからいいじゃないか、と思う。

危険なのは、やっぱり学力問題でも格差問題でも、みんなが全体の社会観と離れて各問題を限定的に真面目に議論しすぎるから、対立が解けなくなってくるのではないのかと思います。例えば斎藤貴男（市民派ジャーナリスト）さんとか、実に真剣で真面目な方だと思うけど、あんまり対立的な議論をしていくと、その議論についていく人たちを、優秀な人ほどみんなを袋小路に連れていってしまうんじゃないかなあ、と心配になります。

——僕は斎藤貴男さん好きだし、正義漢だと思うけれど、彼の感覚に全て従うと、全部体制側の、もっと言えばアメリカ主導のグローバリズムの、陰謀説に見えてきますよね。実際主人公が誰とは決められないし、ひとつではない「陰謀」が、世界を席巻《せっけん》しつつあるのかも知れないけれど。

—寺脇— 参考に、ひとつの分析で、ゆとり教育バッシングをする人は基本的に子どもから遠いところにいる人で、ゆとり教育派は、全員が全員そうじゃないけど、より子どもの側に近い人が多いというのがあります。

子どもと近いっていう意味は、よく進歩的な人が言いたがる、ハートで近いとかいうことじゃないですよ。物理的に近いところにいる人。毎日子どもを見ていれば、子どものいいところも見えるし悪いところも見えるなかで、ものを考えていけるんだけど、要するに、ゆとりバッシング、学力低下なんて言ってる人たちっていうのは、具体的な誰かの学力のことを念頭に置いてるわけじゃなくて、概念としての学力低下じゃないですか。でも目の前に子どもたちがいて、毎日会ったりしてると、この目の前のこいつらの学力だっていう考え方になるから、テストの点数が一点下がった上がったの問題じゃないんだっていうふうに思いたくなるし。見てない人は、例えば教育をすべてデータで捉えようとする学者などは、小学生の子どもとは、ほとんど会ったこともなく議論しているんだから、テストの点数で較べたくなっちゃうだろうと思いますよ。

——そばにいれば、その子どもの力は点数だけじゃないことは当然わかるわけですからね。

—寺脇— だから担任の教師は一番よくわかっているはずじゃないですかと。自分のクラスの生徒の学力をテストしてみなきゃわからない先生なんて信じられない、それは教師としては力量が著しく低いとしか言いようがないんじゃないの、と思います。

けれどもそれこそ、勝手に成績つけたら怒られるから、確認するためにテストをやっている。通信簿をつけるためにやってるんでしょ、としか思えない。

——だとしたらそれはただの自己防御ですよね。

―寺脇― だから私は、テストっていうのをわーわー言うより、教育社会学者を標榜する方々など、子どもたちの間に、例えば一年間、どっかの小学校で、ずーっと子どもたちと一緒にいてご覧なさいよと。それで今の子どもの学力が落ちていると感じたんだったらそれはあなたの言う通りかもしれない、と、こちらも多少は説得されるはずなんですが。

子どものより近くに

――いま私は子どものそば近くいてずーっと考えている斎藤次郎（教育評論家）さんの本も作っているんですが、あの人は「留学」しましたもんね、青森県の小学校に一年間。

―寺脇― そうそうそうそう。あれは画期的なことですよ。そういうことはなかなか誰にもはできないからね。だから私だってもちろん、子どもとしょっちゅうくっついてるわけじゃないから、それはもう言えた義理ではないんだけどね。でもまあ私は子どもとしょっちゅう付き合ってる教師と付き合ったり、現場に行って子どもを見たり、いろいろなところで子どもと話し合ったりしてるから、そういうところから実感のようなものを得ています。実感で行政をしてもいいのかと言われるかもしれないけど、経済政策とか土木政策のように計量を基礎とする行政じゃないんだから、自分で感じてくるしかないですよ。

——一つの尺度で計量すること自体がおかしいわけですものね。なじまない。ほんとうの教育の場合には。

寺脇 その通りなんですよ。私はそういう前提の中でフェアにやっている自信があるから、ぐらつかないわけですよ。それしかないんですよ。だから、意地悪く言えば、役人でも批判されてうろたえるやつというのは、人間としてフェアにやっていないからなんですよ。例えば国会議員に言われて心ならずもこうやってる、なんていうようなやましいところがあるとか、自分は本当はこうしたいと思っているのに、上司の顔色うかがってこうしたとかいうような類のことをやってればやってるほど、数字がないじゃないかって言われるとぐらついてしまう。

——教育行政の場合はそんな客観的な数字的根拠なんて、逆にあったらおかしい、それはつくられたものだ、と私は直感します。

―寺脇― 私に言わせれば、数字を積み上げるのは、役人に隠れ蓑を作ってくれようとしてるんですねっていう話ですよ。それやってくれるほうがよっぽど役人には楽ですよ。数字の帳尻さえ合わせればいいって言ってくださるんですねっていうことですよ。

❶**臨時教育審議会**……昭和五九年、中曽根康弘内閣総理大臣（当時）によって設置された。昭和六二年第四次答申をもって終了。二一世紀に向けて、時代が「日本近代化百年の成長」から「成熟化・情報化・国際化」への転換期にあるとの認識に立ち、これに対応するべき教育改革の方向として、教育基本法の精神に則った個性重視の原則を打ち出した。また、この原則に基づいて生涯学習体系への移行、初等中等教育の充実、高等教育の多様化、教育行政改革などを提言。より詳しくは↓「文部科学省第一一三年報」（昭和六〇年度）、「文部科学省第一一四年報」（昭和六一年度）、「文部科学省第一一五年報」（昭和六二年度）

・日本財団図書館「私はこう考える【教育問題について】」(http://nippon.zaidan.info/seikabutsu/2002/01254/contents/738.htm)

❷**放送大学**……昭和五八年、特殊法人放送大学学園によって、広く国民に大学教育を受ける機会を提供すること、大学教育のための放送の普及発達を図ることを目的として設置された。平成一四年に放送大学学園法の全部改正がなされ、設置者である放送大学学園が学校法人となった。これに伴って、放送大学もそれまでの国公私立に分

類されない特別な大学から、私立大学となった。より詳しくは↓放送大学学園法（平成一四年法律第一五六号）、私立学校法（昭和二四年法律第二七〇号）

❸**業者テスト**……日本の学校現場で使われる、出版社などが作成した学力テストのこと。一九九〇年代まで、業者テストと高校受験は深く結びついていた。高校受験生は業者が主催する模擬試験を受験し、その成績と希望校の基準点を比較して進路決定の材料にしていた。また、一部の私立高校ではこれらの模試の成績を頼りに生徒集めをする場合もあった。一律業者テストの禁止以降、業者テストは学校内でこそ行なわれなくなったが、申込者を対象に学校外の試験会場で行なわれている。↓出典：ネット上のフリー百科事典『ウィキペディア』

❹**偏差値**……全体の中で、平均よりどの程度上か下かを測る尺度。昭和三〇年代後半以降高校進学率が急激に上昇した折、個人の成績に見合う学校選びの資料として業者テストが重宝がられたこともあり、これが授業時間内にも行われるなど学校教育に立ち入るようになった。この業者テストが出した偏差値が学校での進路指導に用いられるようになり、受験において実質的な決定材料として広く認識されるに至った。より詳しくは↓ＮＨＫ取材班著『日本の条件一一　教育②偏差値が日本の未来を支配する』（日本放送出版協会、一九八三年）、全国進路指導研究会編『偏差値』（民衆社、一九七六年）、毎日新聞社編『内申書・偏差値の秘密』（毎日新聞社、一九八一年）、片岡徳雄著『個性と教育』（小学館、一九九四年）

❺**シックスポケッツ**……少子化が進むなか、一人の子どもに対して両親とその双方の祖父母を合わせた六人が教

育費やお小遣いなどを支出する現象。さらに詳しくは↓『現代用語の基礎知識2006』(自由国民社、二〇〇六年)

❻**中央教育審議会**……文部科学大臣の諮問に応じて重要事項に関する調査審議を行う機関。五つの分科会(教育制度、生涯学習、初等中等教育、大学、スポーツ・青少年)があり、それぞれ審議を行う。より詳しくは↓中央教育審議会令(平成一二年政令第二八〇号)、国家行政組織法(昭和二三年法律第一二〇号)

❼**コミュニティカレッジ**……二年制の高等教育機関で、広く高等教育、生涯教育を提供することを目的としており、合格を前提とした入学選抜を行う。

❽**総合的学習の時間**……小・中学校は平成一〇年、高等学校、盲・聾・養護学校については平成一一年に告示された新学習指導要領において、「生きる力」を育む具体的な取り組みの一つとして導入された。学習内容は、主体的な判断力や問題解決能力を育てる、各教科、道徳および特別活動で修得した知識や技能等を総合的に働かせるなどのねらいを踏まえ、その地域や児童生徒の実態、興味・関心に応じて各学校が定める。より詳しくは↓

- 新指導要領 http://www.mext.go.jp/a_menu/shotou/youryou/111/020101.htm
- 新学習指導要領パンフレット(教師向け)http://www.mext.go.jp/b_menu/shuppan/sonota/020502.htm
- 新学習指導要領パンフレット(保護者向け)http://www.mext.go.jp/b_menu/shuppan/sonota/020501.htm

第2章　役人として教育に関わるということ

時の政権と官僚との関係

――今日はいくつかの個別的な切り口から、率直なところをお伺いしていきたいと思います。一つお伺いしたいのは、文部省なり文科省に入った人たちはそれなりの自分の考え、あるいは、働く過程でさらに深まってゆく自分なりの考え、理想というのをそれぞれ内心には持っておられると思うんですが、やはり官僚、公務員というお立場だと、政権と政治家が決めることに、面従腹背《めんじゅうふくはい》ではあっても我慢して従っていく、あるいはもっと調子づいて喜んで乗っかっていく人もいるでしょうけど、いずれにせよ行政機構である以上、時の政権にすり寄らざるを得ないメカニズムがありますね。官僚としての自分の生き残りのためにも。そこのところの話を、一つしてみていただけませんか。

寺脇――それは、人のことは言えないですけれども、私はこう思うんですね。政権党は大事です。民意を反映しているんだから。選挙で選ばれて多数をとっている人たちの考え方が世の中で通らないということはあってはいけない話だと私は思っています。だから私たち役人は、当然それに従わなければいけない。

それは職務のうえで従わなければいけないのであって、それを越えてまで、つまりご機嫌を伺いに行くほどの必要はないと思うし、だから私は、そういう態度が十分でないというふうに人からは思われているかも知れないけれど、私自身はきちんと礼をつくしているつもりで、ご用命あればなんでもちゃちゃっといたしますけれども、呼ばれもしないのにどうしましょうかというふうに聞きにいくようなことは特にしてないっていうだけのことですね。

だから、むしろ私などに言わせると、政治家と日常の付き合いはよくしているけれど、政権党の政治家がやろうと考えていることをきちんと実現しない人間のほうがよくないと思うんですよね。つまりそれは、仕事ができない、ということです。

例えば国単位で言えば政権党の考え方の実現を図るのが仕事だし、私は県の教育委員会でも働いたことがありますけれど、県の教育委員会で言うなら公選で選ばれた知事が言うことをきちんと実行することこそが私たちの役目であって、その人たちに、なにかその、媚《こび》を売るというのは僕らの仕事じゃないと思ってるんですよね。

私は政治家である大臣を、優れた人たちとして基本的に尊敬しますし、私が課長以上になって、お仕えした大臣たちというのは――まあ大体課長クラス以上になると大臣と直接話したり直接指示を受けてこういうふうにしろっていうことになりますよね――私にとってみな尊敬すべき人です。尊敬すべきっていうのは人間としての尊敬とはまた別でしょうけれども、つまり文部大臣として政策決定をきちんとおやりになっている、ということですね。で、その尊敬する大臣のために、私は、少なくとも私の持ち分の部分では役人としての本分を忠実に実行してきたつもりです。

初めて課長になったときの大臣というのは鳩山邦夫さんだったわけですけれども、この間お話ししたように鳩山さんが業者テストをやめる、偏差値輪切りをやめるっていうふうに宣言したときだって、省内ではいろいろ反論、そんなことはできないとかやるべきでないという声もあったけど、大臣がやるって言ってるんだからそれはやっていく、というのが正しい姿勢です。他にお仕えした大臣たちだって、みんなそれぞれよく判断をしてやってくださったと思いますよ。政治家である大臣はね。

ただ、政治家でない大臣の場合には、なにしろ慣れていないし大臣になることを期して生きてきたわけでもないから、ときどき齟齬《そご》が生じます。こういうトラブルがありました。日本看護協会っていう団体があって、准看護婦制度というのを廃止しようとして、ずっと運動をしてるわけですね。その運動自体は、私も意味のあるものだと思うし、医学教育課長のときも生涯学習振興課長のときも、それぞれの職務で准看護婦が正看護婦へスムーズに移行するための教育を推進するために尽力してきたつもりです。

それでも、職業教育課長のときに起きた事件では敵対する立場にならざるを得ませんでした。九三年の夏、看護協会が、准看護婦というのは先のない商売です、准看護婦なんかになっても仕方ありません、准看護婦では今後やっていけませんというような進路指導のパンフレットを作って、全国の中学校に配布したんです。そのとき私は職業指導、進路指導を担当する役目でしたから、とんでもない文書だと思いました。まだ現時点では准看護婦という職業があるし、高等学校には衛生看護科っていうのがあるんです。だんだん少なくなってはきていますが、衛生看護科を出ると准看護婦になれるわけですよ。高校三年を終えて一八歳の時点で准看護婦になれるわけですよね。

だから今では私たちも確かに、将来は全員正看護師になる、准看護婦制度がなくなることも見据えて、三年の高校過程プラス専攻科をそこからあと一年ないし二年やって正看護婦になれる道をちゃんと作っておいて、少なくとも准看護婦どまりしかなれないみたいなことは変えていこうとはしてるんですが、その時点では、まだ准看護婦っていう道も当然正しい選択肢としてあって、例えば一日も早く医療の現場で活躍したいと思えば、准看護婦として現場に出ていくことが一番早いわけだし、あるいは経済的に早く収入を得たいと思えば准看護婦になって早く稼ぐ立場になっていかなきゃいけないわけですが、それについて、そのことがまったく間違った選択であるかのような断定的なものだったわけですね、そのパンフレットは。

准看護婦制度をなくしたいっていう看護協会の思いがこめられているのはわかるんだけれども、それを中学生に見せるっていうことは、じゃあこの間高校の衛生看護科に進学した先輩は間違っていたのかとか、いまそれを受けようと思ってる人たちは違うのかっていうことになる。

それで、私はそのとき即刻、たまたまそれが夏休み中だったものですから、まだ生徒の目に届かない段階だったので、全て廃棄するように指示したんですね。

本当にびっくり仰天でしたよ。教育委員会を通さずに、学校に直に送っていましたからね。つまり准看っていう職業は成り立たない職業だって書いてあるわけだから、これは差別文書だっていうふうに言われても反論できないような代物《しろもの》だったわけです。人権教育がさかんな西日本の県の教育委員会に連絡してみると、担当者が愕然として、すぐ回収しなければ、と叫びましたよ。それで、各都道府県に対して適切に処理してほしい、つまりこれをほんとに生徒の進路指導に使ってもいいかどうかちゃんと責任を持って考えてもらいたいっていう連絡を発して、それを出したことを記者クラブにパッと発表して、そしたら新聞にも載ったわけですよね。こういう不適切な文章が流れていると。

のちに私もそのポストに就くわけですが、高等教育局の医学教育課からは抗議を受けた。医学教育課は看護協会と仲良くして看護行政に当たっていかなければならないのに、職業教育課の対応は激しすぎるのではないか、とね。で、いやそれはこちらの職務ですから、中学校の進路指導をどうするかは私の責任なんですから、看護協会と仲良くするっていうのはそちらの仕事でしょうけどこれは私の仕事ですからって突っ張った。先にお話しした業者テスト問題たけなわの頃ですから、どの職業にもそれぞれ意味があるんだという線は絶対に崩せない状況にありました。

そしたら看護協会側ももちろん怒って、文部省に抗議する記者会見を開いたりした。そのときに、当時の赤松良子大臣から私は呼ばれて叱責を受け、なんていうことをしたんだと言われた。大臣の友人である高名なジャーナリストを通して、こういう困った課長がいるっていうことを言われている、と。

政治家じゃなくて民間から急に任命されたわけだし、細川政権が突然出来て青天の霹靂《へきれき》のようなところもあったでしょうから慣れていなかったのでしょう。そんなことをあからさまにおっしゃるわけですよ。で、いや、それはいくら大臣がおっしゃることでもそうはできません、と申し上げたことがあります。

事情を詳しく説明すると、赤松大臣も労働省で男女雇用機会均等法をお作りになったので有名な方だし、職業差別があってはならないことは十分ご承知だったのでわかっていただけました。もちろん、その後個人的に睨まれることも一切ありませんでした。

衆議院議員や参議院議員であるところの大臣というのは、国会議員を長く務められるなかで経験を積んでやっぱりそれだけの資質を持ってらっしゃる方が多いと思います。ですから事務方に、そんな、友だちに言われたからみたいなことはおっしゃらないわけですよ。

町村信孝さんが前後二回大臣をされて、私も厳しいお叱りを何度も受けたけれども、ほんとに大臣のおっしゃることは的確であって、役人の側がそれをちゃんとやろうとしなかったり逃げたりしてるから叱られてるんだとしか思えないようなことばかりでしたね。そういう意味で、大臣の場合は、納得して従っていました。ただ一般の政治家っていうことになると、それは大臣のように直接私たちを指揮する権限があるわけじゃないですから……

——でもいろんなこと言ってきますよね。

一寺脇一 政権党全体の方針であれば当然従わなきゃいけないんだろうけれども、政権党の人だからといって、個人のおっしゃることにはそれは是々非々で対応していかざるを得ないですから、当然その、例えば、ある政治家の地元の事業を、こういうのよく見てくれよって言われて、よく見て精査するっていうのは大事なことだけど、言われたから自動的に採択するわけではないです。よく見て、それがよいことであるのかそうでないのかは、よく見た結果、こちらが自分の責任で判定をしなければいけないわけですからね。昔のような露骨な利益誘導、一九八〇年代までのような状況はいまはずいぶん違ってきてると思います。

小泉政権下の公務員叩き

――一九八〇年代までというのは？

一寺脇一　それは、細川政権ができるまでの時代というのは、自民党一党支配が永遠に続くというような錯覚をみんな持ってたわけですから。

その時代は、私らはまだ下のほうの立場でしたからそんな機会もそう多くはないんですが、「国会議員とうまくつきあわないと出世できないよ」っていうふうに私たちに忠告する先輩もいましたから、まあそういうことがあったんでしょうね。

けれど私が課長になったのは冷戦構造が崩れた後、細川政権成立直前の頃ですから、そういう、政治家に媚びなきゃいけないような状況っていうのはなかったし、それを強いるようなひどい政治家ともおつきあいする機会がなかったんで幸い自分を枉《ま》げずにやってこられましたけどね。

ただ、最近ちょっと気になるのは、それとは別の要素です。つまり小泉政権（当時）の、公務員叩き。昔はね、自民党の政の力がすごく強かった。それで、それに媚びる官僚もいるという、あんまりいい状態じゃないところもあった。ところが今度は、政の力が上がったんじゃなくて官の力が下がっちゃったもんだから、また官僚が特定の政治家に媚びるという関係が出てきてるようなことがあるのかも知れませんね。

いずれにしても、私はいろんな政治家の方と付き合っているから、一般論では言えないですね。私のことをすごく憎んでいる政治家もたくさんいらっしゃるだろうし、かわいがって声をかけてくださる政治家もいっぱいおられるわけです。一概に政治家がこうだっていうのは言えないし。

やっぱりね、時代が変わって、昔はいなかったタイプの政治家が増えてきてますよ。役人を、ほんとにブレーンとして使おうという考え方で、自分が勝手に思いこみでこれをやれみたいな話じゃなくて、自分はこんなふうに思うんだけれども、これを具体的な政策にするためにはどういうふうにしたらいいだろうかっていうようなことを私たちに教えてほしいとか、

——投げかけてくる。

寺脇 というのもある。それに、例えばゆとり教育の頃でもですね、ゆとり教育はけしからんっていう政治家も確かにいるけれども、やっぱり選挙区の人たちにきちんと説明をしたいので、自分もゆとり教育について勉強したいっていうふうにおっしゃってくださる政治家もいらっしゃったし、そこはね、政治家って一概には言えない。役人もその点では同じですけれど。

——寺脇さんについて、毀誉褒貶《きよほうへん》が激しいのは仕事をしている証拠ですよ。

—寺脇— 何も言われないよりね。結局、この社会っていうのは、何かやれば必ず反対が出るわけですよ。それは当然です。こんな自由民主的な国では、どんな政策をとっても百人中百人が喜ぶっていうことはまずないですからね。当然誰かが嫌がる。一部の人は嫌がるけど全体のためにやらなきゃいけないっていうことをやっていくわけだから、そもそも役人がみんなから好かれるとかいうことはおかしいんですよね。

——しかしその、官僚として一生を安穏と全うすることしか考えていないタイプの人にとっては、そのときのトップが誰かっていうのは、これは一般企業も同じですけれど、運みたいなところもありますよね。

—寺脇— それはそうですよ。だからまあ、私の場合運がよかったとも言える。運が悪かったとは全然思わない。むしろよくここまでやらせてもらってると思っています。いまでも小坂大臣（小坂憲次氏。二〇〇五年一〇月三一日にスタートした第三次小泉内閣の文部科学大臣）のような方がいらっしゃるから、辞めずにもう少し残って仕事をしろって言ってくださったわけだし、そこは民間企業だっていろんなことがあるわけですからね。

ただ、いまのおそらくお聞きになりたいことの意味合いで言うならばですね、やっぱり政治家と自分とはどういう関係なのかということを、きちんと自問自答できない役人はダメだと思いますよね。ただ媚びへつらうやつも考えてないけど、そんなこと何も考えないでやってる人もまた問題だと思うんですよね。そこはね、なかなか難しいところもありますよ。

私も例えば広島県の教育長をしていたときなんかは、県としては重要な職にあるわけですから、県会議員から付き合えと言われれば付き合わなきゃいけなかったこともあるし、私自身、なにも清廉潔白《せいれんけっぱく》というか、政治家と全く付き合わなかった、ということはないです。

例えばこういう話があるんですね。ある先輩がいて、ある県の幹部になったときに、県会議員たちから来た中元お歳暮全部送り返したと。誠に正義感の強い人だったわけだけれども、その結果県会議員全部との関係が悪くなってしまって、仕事ができない状態になってしまったと。

そこはやっぱり私などは頂けばもらっていましたから。お中元お歳暮っていういわゆる贈答の、儀礼の範囲内の話ですが。もちろん、これをあげるからこれよろしくね、みたいな話だったらそれはもうとんでもないけれども。それは私はきれいごとだけで生きてきたわけじゃなくて、ある程度の、それはせざるを得ないところはあると思います。県会議員なんかだとめちゃめちゃなこと言う人がいますから、困ることもありますが、でもやっぱりこの人たちも、選挙民の票をもらってきてる人だから、いくらむちゃくちゃだってそれは無理ですよっていうことを根気強く説明していくしかないわけです。

ほどほどに、清くある

——松橋忠光さんという、もう亡くなられた警察幹部の方ですが、ご存じですか？

寺脇——いいえ。

——私が編集者になって最初の頃に惚れこんだ人物の一人で、警視官ですから警視総監の次の地位までいった方ですけれども、警視官をお辞めになっても天下りを一切せずに、六、七年かけて警察時代の付き合いを絶ったうえで、『わが罪は常にわが前にあり』という本で、警察の裏金の問題を書いたんですね。

それは明らかな違法・不正行為ですからね、今のお話と違って。そして松橋さん自身も、現役時代、警察社会に染みついた悪習を全部シャットアウトすることはできなかった、それは私の罪だという主旨からそういうタイトルになってるんですが、ほんとに人格的に信頼できる方で、「警察にもこういう人がいたのか」と思いました。

寺脇——思い出しました。そういう方がいらっしゃいましたね。私はその方のようには真っ直ぐじゃないんで、自分が欲しいとは思わないけれども、行政目的を達成するためのプロセスとして、食事ご馳走になるとかいうようなことはしてますからね。いまでも国会議員の方からそう言われれば、今日ご馳走になりますっていう、まあ別にこれは違法なことではないわけだけれども、でもそうしますよね。

そこはその、文部科学省にも何人か、そういう清く正しい先輩がおられる。でもあまり清廉潔白でも、日本的社会では付き合いづらい、ということになって、その方々が能力はあるのにあんまり能力が発揮できないようになってしまう。やっぱりそこは私はそんなにきれいじゃないんで、結果として国民、あるいは県なら県民によろこんでもらえることをやるためには、手段としては、政治家との付き合いっていうこともしなきゃいけないと考えました。

——いま申し上げた松橋さんはやっぱり孤立したわけですよね。ドロドロの警察社会の中で。非常に能力のある人だったからキャリアとして出世はしたけれども、警察のキャリア官僚で唯一、県警本部長を経験していないんです。

そういう意味で遠ざけられたんですが、松橋さんはあまりに筋が通っていて周りの凡人は大変だった、っていうことも言えるんです。

—寺脇— 行政官として、役人として、正義と実効性のあいだでどうあるべきかという問題はとても難しいですね。ただ私がここのところ心配なのは、若い役人たちのなかに、そういうことを考えること自体を放棄するような動きが出てきているんです。こんなに役人バッシングばっかりやられてるんじゃ馬鹿馬鹿しいと。だから仕事は適当にやっといて、一応身分は安定してるわけだから、媚びる努力すらしないで日々を過ごしていけばいい、というふうな感じが一部に出ているのが心配ですね。

もちろん若い人たちにも、真剣に考えている人たちもたくさんいるわけですけれど、本来はすべての人がきちんと考えてちゃんと仕事をやらなきゃいけないわけであって、公務員のなかに一人たりとも、どうでもいいや、自分の身の安定さえあればいいやなんて思う人があってはならないわけですからね。

そういう意味では国会議員と一緒にゴルフに行ったりとかいうような付き合いをしていた先輩たちも、決して自分がゴルフに行きたいから行ってたわけではなくて、そのことによって、仕事をスムーズにしていき、……

――話ができる関係を作り、

―寺脇― そう。その時代だと、やっぱりそうしないで政治家の理解を得られないと、ダメと言われちゃったらダメだっていうようなことがあったと思いますよ。

そういえば思い出したけど、一九七九年かな、放送大学を作る法律を担当したんです。私はかけ出しの係長ぐらいでしたけど。法律というのは、政府提案として出すときには、政府のつくった案を当時自民党の総務会、政調会と議案にかけていって、了承を得るわけですよね。そのとき、党の総務会にその法案をかけたときに、当時浜田幸一、ハマコーさんが総務だったわけですよ。で、ハマコーさんが、なんだ、俺はこんな法律のこと何も聞いてない。俺の地元の千葉に大学を作るという案であるにもかかわらず、何も聞いてないからダメだ、っていうんで、その法律が一回ストップしちゃったんですよ。

その日の総務会を通らなくて、まあ次の総務会でなんとか通してもらった。その事件が非常に印象に残っていて、まあ理不尽だと思う反面、しかしまあ説明をしなかったと言われると、審議してほしい相手に説明をしていなかったと言われるならそれはそうなのかも知れないと。もちろん事前に聞いてなくても通す人はいくらでもいたでしょうけれど、ハマコーさんはそういう方だったんでね。

国旗国歌へのスタンス

――いまは自民党一党支配が永遠に続くという世界ではなくなりました。まあ民主党になっても同じようなものじゃないかっていうような感じはありますけれども、そのなかで役人の方が、政治家との関係を利用して、省内でいわゆる派閥争いをするとか、そういうような思いもやっぱりされたわけでしょう？

寺脇――それはまあね。派閥なんていう低次元の話はないですが、自分の理想を通すために政治家を使うっていうことはあるわけでしょうから。たとえばある人たちが、国旗国歌をやることが何より大事だと思い、それを実現するために、あいつがよくないからうまく行かないんだというようなことを政治家に吹き込んで、相手の影響力を潰すっていうようなことはあり得るでしょう。政治家に、よその省庁の政策を批判する説明をして自分の役所に有利になるように仕組むことなんかしょっちゅうあります。経済産業省が学力低下を言ってゆとり教育批判をしたり国立大学批判で独立行政法人化を進めようとしたりしたことは周知の事実です。いずれにしろ、私自身はそんなことは全くする気になりませんけどね。そんな手段を一切とらなかったことを誇りにしています。

国旗国歌にしても、それは役人としては、それこそいまの政権党の考え方のもとでやる役人としては、卒業式入学式で国旗を掲げ、国歌を歌うような卒業式入学式に、できるだけ多くの学校、可能ならばすべての学校をそういう状態にしていくっていうことは義務付けられてるわけですからね。それは私もそれをやらなくていいとは思ってないけれども、やらなきゃいけないことの優先順位とか手順のなかで、つまりそのことを強行することによって損なわれる他のことについても考えていかなければいけないわけで、そこのものの考え方ですから、どうしても人によって違いが出るんですね。しゃにむにそれをやるっていう人が絶対に間違っているとも言えないし。

私は例えば国旗国歌のようなことで、事を荒立ててしまって、他のことも議論できないような状態になってしまうよりも、他のことをきちんとやっていくなかで、学校が正常なきちんとした状態になって、そしてかつ、最後のワンピースとして国旗国歌があって、画竜点睛《がりょうてんせい》ですよね、それで、ああほんとにいい学校になったね、いい状態になったねっていう筋道を考えるわけだけれども、最初に瞳を描いてから竜の絵を描こうという人たちもいるわけだろうし、まあ彼らのほうからすればまた私のほうが最初に目を描いているっていうふうに思うのかも知れない。それはどっちも間違ってはいないことですからね。

いまの教育法制のなかで卒業式入学式に国旗国歌ができるだけやれるようにするっていうことも大事なことであるならば、学校のなかの教育活動が生徒のためになるようにいいものにしていくっていうことも大事なことですから、それはどっちをやっているからけしからんっていう話ではないと思いますけれどね。

——前回のお話の時に寺脇さんがおっしゃった、公僕たる教師は、多数の賛成を経て通った法律に従うのが当然じゃないかという、当然のことを伺って目を開かれた思いがしました。というのは、普通のジャーナリズムとかメディアは、そういう根本の定義の議論をあまりしないから。ただし、国旗国歌の問題に関してはですね、公務員たる教員が指示に従うというところまでは当然というふうに言うことができたとしても、生徒に影響を与えるわけですよね。実際に起こっていることは、俺たちが立たないと自分たちの担任の先生がやられるから、っていうところまで来ている。生徒を追いつめている。

寺脇 わかります、知ってますよ。生徒を追いつめるとすれば、それは明らかに行き過ぎているわけですよ。東京都の指導のあり方について、まだ第一審段階ではありますが東京地裁が異論を唱えたのは、そのあたりがあるのかも知れません。ただし、それがなぜ起こるかという背景も考えていかなきゃいけない。生徒が自分の意志で立たなかったとして、それで教師が罰せられるなんてとんでもないことだけども、教師の命令というかお願いというかアジテーションというか、そういうことによって生徒が立たなかったケースというものが明らかに過去にはあるものだから、そのことについて対応してる部分もあるんだと思うんですよね。

私はね、現行教育基本法［1］のなかにある、教育に対する「不当な支配」［2］はあってはならない、というのは絶対守らなければいけないと思っているわけですよ。ところが狼少年みたいに、自分の気に入らないことはみんな（行政による）不当な支配だなんていう教師たちがいるもんだから、そういう教師たちによる本物の不当な支配まで成り立ってしまうんじゃないかっていう危惧を私は常に思うわけですよね。だからね、そこは教師の側にも大きな問題があって、そのことをちゃんと追究しないといけない。

教職員組合［3］と激しく対立していた頃というのは、管理者側と組合に入っている教員とでお互いにひどいことし合いましたから、お互いにひどいことをするとなると、私の考えでは文部省の役人としては、まずは教育委員会や校長などの方が先に違法行為の疑いを招くようなことをやめなきゃいけないということを言うわけです。そうしないと、教師たちに違法行為するなんて言えるわけないじゃないかと。そうすると校長たちは言いますよ。そんなきれいごとじゃないよ、あいつらもやるんだからこっちもやるんだ、っていう、もう無法状態、なんでもありみたいになってしまう。

具体的な例で言うと、福岡県の課長をしていたとき、二十年前の福岡県っていうのはまだ組合が強かったし、組合が校長をつるし上げたりすることはしょっちゅうあった。すると今度は校長の側は、新人教員を校長室に呼んで、お前組合に入ったらいかんよっていうわけですよ。それは私はやめてくれって言ったわけです。明らかに不当労働行為だから。で、組合は合法団体であって、ただし組合がストライキをするというのは最高裁判決でも違法だと言われているわけだから厳しく取り締まらなければならない。違法な部分にきちんとメスを入れていくためには合法な部分にまで踏み込んじゃいけないと言った。

彼らはすごく怒りましたよ。きれいごと言うな、って。私はそれ以上は礼を失するから言わなかったけれど、福岡県の校長でかつて組合員じゃなかった人なんてまずいないわけだし、その時にストライキやらなかった人なんかいないわけですよ。それをね、その人が校長になった瞬間、不当労働行為まがいのことまでやるっていうのはおかしいっていうのが私の考え方でした。

かつて自分も反対派だったいまは校長になった人が、日の丸君が代を強行するために、違法行為すれすれのことをするという、永井愛さんのすぐれた芝居（「歌わせたい男たち」二〇〇五）でもそうだったでしょう。「校長だって前は日の丸君が代に反対してたじゃないですか！」と教師に責められる。あれは面白かった。

——ええ、ええ。

一寺脇一 そこでの校長の対応が現場の論理のはき違えなわけですよ。そこをね、確かに私は平教員の時はストライキをしていたと。たしかに私はそのときは国旗国歌に反対していたと。ストライキは違法行為だったから当然今では反省して、校長になるときは悪かったと反省してやっていると。だけど私が組合員であったことは別に非合法でもなんでもないわけだから、そのことは私は全然恥じてはいないとか、そんな整理をしなきゃいけないのに、校長になった途端に「組合に入るな」みたいなことを言ったりするから、組合の側も、あいつ寝返りやがってと思って、感情的にこじれていくわけですよ。

愛国心というのは教えられるか？

――法の支配の貫徹じゃなくて力関係になっちゃうんですね。

―寺脇― そうそう。そうするとつるし上げみたいなことが起こってしまう。だから教育基本法の文言にある「不当な支配」だって、なんでもかんでも不当な支配って言うもんだから、そういう話になってしまうけれどもね。ほんとに実際の不当な支配っていうのはあるわけで、一部の団体が政治的に、教育に対して不当な支配をするっていうことはあり得るわけです。

――教員の側も党派的な志向に従って判断・行動をしている場合があるというお話ですね。

—寺脇— ありますね。だからそこのところなんですよ。私よく組合の人と話していたけど、じゃ内心の自由はこれを侵してはならない、っていうんで、極論すればハーケンクロイツの旗をかっこいいと思って掲げたいとかいう人が出たらどうするんだと。生徒がそうなったときの指導はどうするの、と。そういうことは考えないわけでしょ。あなたたちは、日の丸が嫌だっていうことは言うけれども、じゃもっと過激な、とんでもないものが出てきちゃったときにも、これも内心の自由でございますとか、これもいいじゃないかみたいな話になるのかっていうことを考えなきゃいけないいんですよね。

——教育の現場というのは、どうしてもそういう火花が散る場所ですね。内心の問題とか価値の問題に一切触れるなっていうこともできないし、それじゃ教育にならない。

—寺脇— そうですよ。だから生徒にね、愛国心を教えてもいいし、国旗国歌について教えてもいいし、教えるべきだし、それは教えろといま指導要領に書いてあるわけだから教えるんだけど、教えた結果、でもそれは嫌だと生徒が言うことは当然あり得るわけですよ。問題は、それを教えないでおいて、国旗国歌反対を普段の発言や授業にさえ滲ませておいて、生徒が自発的に反対しているんですから、みたいなことを言うからいけない。

——愛国心というのは教えられるものだと思いますか？

寺脇　教えられると思いますよ。愛国心って黒板に百回書いて覚えなさいみたいなことにはなんの意味もないけれども、例えば、総合的学習の時間で、自分たちの村の歴史を調べようっていうような教材をやったとしますね。村には歴史があって、先祖がいて、こういうふうになってきて、昔この村にこんな立派な人がいて、堤防を作るためにこういうことをやったとか、なとど生徒が分かってきますよね。そうすると当然そのプロセスの結果、この村っていい村だな、あるいは、この村はいろんな人の努力の積み重ねでできてるんだなっていうことを感じますよね。そうすると、もうちょっとそこを普遍化していけば、例えば鹿児島、薩摩の国っていいとこだなっていう話になり、そこから日本っていい国だなっていうふうに思う。そしてそれを、いまの繁栄を築くためにやってきた先人たちの営々とした積み重ねのおかげだっていうふうに理解する。

——それはパトリオティズム（愛郷心）ですよね。

寺脇　そういう筋道です。だから愛国心問題はもちろん、いまの政府与党案でも、ナショナリズム（自国家中心主義）ではなくてパトリオティズムでなければいけないという判断・整理をしてるわけでね。むしろ私は反対派の人たちが、愛国心っていう言葉を見ただけで、悪だ、みたいなことをいう議論の短絡化っていうのが、不毛なものを作っていってしまっているのだと思う。

――それは自衛隊が存在しないかのように言論活動をしていた社会党と同じことになっちゃうんですね。

―寺脇― そういうことですね。だからほんとの意味でのパトリオティズムっていうのは誰でもが必要だと思っているのにそこに到達できないわけですよ。ナショナリズム是か非かみたいな話になるから、ナショナリズムけしからんって言われるとナショナリズムいいじゃないかって言いたくなる人たちがまた出てきたりしてくるんでね。

愛国心を評価できるのかっていう問題も出ていますけれど、私は評価なんかちゃんとできますよって思う。愛国心を持っているか持っていないかの評価じゃなくて、そのときやるのは、例えばその村のことを学んでいったときに、Aくんは、なるほどこれは僕の村だけが良ければいいっていう問題じゃないんだな、最終的には地球全体がよくならなければいけないんだな、と思い、その一つの単位として、とりあえずは一つの社会を形成しているこの国がよくなるっていうことはいいことなんだなと。この村だけがよくなって北海道のなんとか村は滅びるっていうのはよくないよなっていうことまで気づいたらですよ、彼は愛国心、つまりパトリオティズムっていうことについてよく理解ができたなと思うし、そのことにまだ思い浮かばないで、だって僕の村さえよければよくて他は関係ないよって言ってる子どもがいたとしたら、それはまだ学習が足りない、もうちょっと彼にはいろんな指導が必要だっていうことを確認するために、評価として、これはまだCっていう段階だなっていうふうに考えなきゃいけないんだろうと思うんですよね。

――これ今日（二〇〇六年五月二五日）の東京新聞ですが、象徴的ですよね。見出しは「愛国心A　通知表で評価　埼玉の公立四五小学校」。「自国を愛し、世界の平和を願う自覚をもとうとする」などの表現で、六年生社会科ですでに愛国心を通知票で評価しちゃっている。一応自国のことをのみを考えて世界のことを考えないのはいけないと、セットにしてはいるんです。ただそこまでの、ナショナリズムとパトリオティズムをちゃんと区別する思想的な懐《ふところ》を、評価する先生が持っているだろうかっていう心配はありますね。

―寺脇―　そうですよ。そこは大事なところですよ。教育基本法を変えて、愛国心を書き入れれば愛国心が育つわけじゃないっていうのは、左翼の人たちのように、言葉尻をとらえる話で言うべきではなくて、もっと現実的な議論に立脚して、その指導を誰がどういうふうにして、っていう議論になっていかないといけない。そして評価っていうのは烙印《らくいん》を押すためにあるのではなくて、教師が生徒にテストを課して点数をつけるのは、点数が足りなかったら、これはこの子には指導しなきゃいけないなっていうふうにやる意味で評価っていうのは当然あるわけだし、自分の指導が不十分だったんじゃないかというような反省をする意味でもあるわけです。

この新聞に書いてあるように、ほんとにこの愛国心って、項目で書いてあったらそれは大問題ですよ。だけど、自国を愛し世界の平和を願う自覚を持とうとするというときに、日本だけ良ければいいんだって子どもが思っていたら、やっぱりそれはまずいだろうっていうふうに言わなきゃいけないだろうし、自分の国はボロボロでもいいから世界さえ平和であればいいって言ってるのもそれはおかしくないかっていうことなんですよね。

このあいだも国会で志位和夫（日本共産党委員長）さんなんかが質問されているのを聞いていると、愛国心という言葉を入れるかどうかの議論だけで終わっちゃって、結局法律が十分な議論のないままできちゃって、逆に短絡的に愛国心っていう言葉を百回書きなさいなんていうようなことが起こりかねないですね。

左翼が非論理だと右翼も非論理

――国旗・国歌では東京都の教育委員会は急ぎすぎているというふうに思われませんか。

一寺脇一 急ぎすぎているというよりはものすごく遅れてるわけですよね。
他のところでは、別段そのことでお互いに揉めもせずにやってる事柄がいまだに揉めてるのは、たぶん東京都と、それからもっとひどいのは北海道などしかもう残っていないわけですよ。広島県だって、すごい蛮勇をふるう人たちがいて、自殺者を出してまでやったわけだけど。だから東京都の場合ね、いろんな問題があるんですよ、ほんとはね。教育委員会にも問題なきにしもあらずだけど、ただ私のようにずっと都立高校の内実を知っていると、現場がずっと前から独自に週休二日制を導入して、勝手に一日休んでたとか、いろいろある。
六日授業の頃に勤務を五日しかしてなかったんですね。一日を、自宅研究日とか称して。

――ああ、大学の教員みたいに。

—寺脇— 自宅で研究する権利があるというのを慣習だかなんだか、労使交渉の結果、勝ち取ってやってる、勝ち取ってなんて言って、それは厳密には違法行為なんだけど。

——その学校だけで？

—寺脇— いや、全都立高校です。あるいは、勤務時間を不法にカウントして、昼休みも働いていたっていうカウントにして、終業時間を繰り上げてやってたとか、そういうことがいっぱいあるわけですよね。

それからやっぱり明らかにひどい偏向教育をしている人もいて、もう許し難いと思うけど、アメリカと日本のハーフの子どもに、あんたは原爆を落としたアメリカの国の子どもなんだからというようなことを何度も言って学校に来られなくしてしまったとかいう有名な問題教師ですけど、その女性を現場はずっとやっぱり守っているわけですから。そういうことのなかでね、国旗国歌の問題も出てくるんだということを認識してほしい。

各新聞も、組合側に立って言うのはいいんだけれども、やっぱりそれではことの本質を間違ってしまって、なんか結局本質的なことに入らないままに国旗国歌はいいのか悪いのかとか、愛国心っていう言葉がいいのか悪いのかっていう段階で終わって、結局最終的には数の力で、多数決採れば改定教育基本法だって通るわけでしょうから、そうなったらただ不毛なことで終わってしまう。

私はやっぱりその、憲法問題も含めてだけど、反対側陣営のやり方があまりにも拙劣《せつれつ》で、教条主義的だと思います。冷戦時代にはまだそういうのも効力があったわけですよ。自民党一党支配と言いつつですよ、国民の三分の一は常に社会党や共産党に投票していたわけですね。なんで当時組合があんなに頑張れたかっていうと、保護者のうち三分の一は組合を支持してるわけですよ。そうすると教育委員会側だって、そんなに強い態度に出られないですよね。

いま国民のなかで、昔の意味で教職員組合を支持してる国民なんてほとんどいないわけじゃないですか。それが社民党と共産党の支持者だと仮に考えるとするならばね。そうすると、もう三分の一の力で対抗することができなくなっちゃってる。それなのにまだその三分の一あったときの言い方を変えないから、私は危ないと思ってるんですよ。あまりにも左翼が非論理的なことをいうから右翼の人気がどんどん上がってくるわけですよね。

――左翼が非論理だと右翼も非論理が許されちゃうわけですからね。

寺脇 そうそうそう。

——ただ本当の理想は、あ、これは、私たちは誇るべき政治・社会システムを持っている、そこに気が付いて自然にわいてくるものですよね、日本の国のサイズまでパトリオティズムが広がりうるとするならば。寺脇さんは、いまの日本の政治社会状況を見ていて、日本の政府は誇るべき統治機構だなんていうふうに思われますか。

選挙に行かないからいけないんじゃない？

一寺脇一 統治機構は誇るべきとは思わないですね。統治機構が誇るべきものでないという理由は、選挙のときに投票にも行かないから、みんなが。結局統治機構それ自身のせいで拙劣だと考えるべきではなくて、だって統治機構の権力の淵源《えんげん》は全部国民が持ってるわけですから。選挙に半分も行かないような国民が運営してる統治機構なんか、いいもののはずがないですよ。

正統な統治機構があるっていうのは、いろんな事情があって参加できない人は別として、当然七、八〇パーセントの人が参政権を行使するような社会のことを言うわけでね。だから日本の民主主義のシステムは悪くないのかも知れないけど、参加者が少ない民主主義っていうのはほんとの民主主義じゃないわけだから。

――そういう怠惰な風潮を作ってしまったわけですよね。一党支配が長かったたし。

寺脇―　一党支配が長かったことと、やっぱりその反対側の論理にも教条主義的なものが多すぎたこと。ほんとにみんなの心に届く、学校をどうするのか、暮らしをどうするのか、外国人を受け入れる国にするのかしないのかっていうようなアイテムで政治が争われるということがないからですよ。

――あとは政治家の腐敗が多いというイメージが足を遠のかせたのでは？　「どうせすべてはカネと利権で動いているんだ。それは変えようがないんだ」という感覚。

寺脇―　それは、酷だけど、選挙から足が遠のく言い訳にすぎないんじゃないでしょうか。むしろ腐敗してたら、腐敗政治家を排除するために選挙に行かなきゃおかしいんじゃないだろうか。

――そうですね。ただ、税金の使い途などについても、もう少し鋭敏に国民の監視が行き届いて、投票行動によってそれが変わるっていう、一貫性がある国もあるわけですよね。北欧の一部の国にはほとんど政治腐敗がないと言われている。その意味では日本はまだ途上かなというような気がするんですけど。

―寺脇― それは、欧米の国に比べればそうかも知れないですよ。本当は、自民党と民主党の二大政党制っていうのは政権交代による政治の浄化・活性化を狙っていたわけで、例えば年金は、若い人たちがより多く我慢するんですか、お年寄りがより多く我慢するんですかっていう問いかけをする、とかね。それを国民がその都度選択していくということなんだけれども、まだ機能する二大政党制はできていない。

でも、自民党と社会党の時代も、結構な二大政党制だったわけですよ。一対〇・五ぐらいではあるにしたって。力のある二つの政党がある時に、実りのある議論をすればよかったのに、その時の議論が現実性のない議論を繰り返してきたということに大きな問題がありますよね。例えば自衛隊はなくす、とか言って、じゃ自衛権はどうするの、いやとにかくまず自衛隊をなくす、みたいな話をやっていたわけですから。

――そうすると、投票行動によって具体的にちゃんと世の中が変わるっていうふうには思いにくくなってしまいますよね。実現不可能な、言葉だけの論争をやっていると。

―寺脇― 今日も実は中国大使館に行っていたら、文化担当の参事官から、日本にたくさん中国人の留学生が来ているけれども、中国に帰って日本のことをよく言う人はほとんどいないと。アメリカに行った留学生たちは、アメリカはいい国だった、いいところだったっていうふうに言うと。これはあなたの国の不利益じゃないですか、っていうふうなことを言われたんです。で、私は、たしかにそういうところはあるでしょう。だからいま教育改革しようとしてるのは、自分たちの枠のなかだけで考える人間じゃなくて、少なくともアジアの人たちとフランク（気安い・ざっくばらんな）な関係を結べる人間を育てるために、ゆとりを作って、総合学習をやったりしてやってきてるんだと。選択肢を増やして、中国語や韓国語を学ぶことも可能なようにしていってるんだと。それはまさにそのことのためにやってることなんだと言いました。

だけど冷戦時代の議論を見ればですよ、日本が平和だったら他の国はいくら戦争をしてても構わないともとれるんですよね。日本は自衛隊は海外に出さないんだ、――いま（五月当時）イラクに行ってることがいいかどうかは別としても――そんなのは一切知らないんだ、近隣の国で何があっても関わらないんだと。実際、一九五〇年代に朝鮮戦争をやってるときに、進歩派の政党はなにもやらなかったわけじゃないですか。保守派の側には、金儲けのチャンスだと捉えた人たちもいる。結局それは、日本っていう小さなコップの中で、右だ左だって言ってるだけの話であってね。二一世紀のように、もっと広い、いろんな行き来がある時代に、そんな考え方っていうのは変でしょう。

オールアジアで「学校」を考える

――私は一九六〇年生まれで、左翼的、というよりは戦後民主主義的な言説が溢れていた時代に育ったせいか、非武装中立への夢というのを中学生から高校生くらいの時まで持っていたのですが、それがいわば武装中立論に変わったきっかけは、坂本義和先生（国際政治学者）の、「中立日本の防衛構想」という有名な論文（一九五九）です。あれは、坂本先生がまだ三十代の前半ぐらいの時に書いた論文ですが、要するに、自衛隊の指揮権を国連に渡して国連警察軍を創設する――本来の国連がやろうとしたことですよね。軍事主権を国際機関に預託することで、国権の発動たる戦争を禁じている九条の問題は回避されると、ちゃんと言ってるんですよね。それで日本の青年たちは死ぬだろう。何人もね。そうしないと得られないことも国際社会にはあるのだということを、坂本先生は示唆している。

それで、すごく悪玉視されてきた――いま民主党になりましたけど――小沢一郎さんはその論なんですよね。アメリカの怖さを知っているからこそ、すべてをアメリカ中心にするのはまずいと考える。国連の軍隊を創設してそこに日本兵（自衛隊員）も出す、と言う。

―寺脇― そうそう。だから例えば今ですよ、南北朝鮮で軍事衝突が仮に起こったとしますね。そのときに、五十年前みたいに、関係ないよ、朝鮮特需だとかそんなことが言えるのかっていう話なんですよ。仮にあの時のように、どっちかが一方的に追いつめられて、虐殺されるような状況になっているときに、それでもこっちは知らないよって、たったあれだけの距離、もうほんとに見えるようなところでやってるものに対して言えるのかっていう話なんですよね。

――国家主義ではなくて平和主義のための武装ということがあり得るんだなっていうのを、そのときに目を開かれた思いがするんですね。

―寺脇― 私は政治家であるところの小沢一郎さんには一度も会ったことがないし一度も肉声を聞いたことがないから判断を控えるけれども、ただ彼の地盤である岩手県の水沢というところに仕事で行ったときに、ほんとにいいところだなと思いました。ほんとにこう、人柄のいい人たちがいっぱいいて、農業高校とか工業高校に通ってる子どもたちが、地域の高校生としてののびのび活動できているんです。あいつは工業だとか農業だとか、こいつは進学校だとか、そんな空気がまったく感じられないところだった。

――専門高校（職業高校）復権してきましたね。

—寺脇— 復権してきてます。私はもっと大きな構想があって、政治家にやってほしいけれども、いま日本で子どもの数が減ってきてるから、農業高校も、子どもの数が減った分は減らして行こうみたいなことになってるし、大学も潰れるとか言ってるけども、これを全部アジアの高校、アジアの大学、っていうふうにすればいいじゃないかと。せっかくこれだけの教育インフラを整備して、営々と百年以上の歴史を持つ農業高校などがあるのに、子どもの数が減ったから廃校にしましょうなんていうのはね、もったいない。そこへ、中国の、あるいは東南アジアの、あるいはアフリカの若者たちを呼んで農業教育をし、あるいは工業教育をしたらどんな素晴らしいことになるか。

——いいですね。

—寺脇— それから、日本の大学はね、たしかに、よく言われるように欧米の大学に比べて全体的にレベルが低いので、アジアの留学生は日本を素通りして欧米に行くとか言われます。それはしかし、まだその留学生たちがアジアのそれぞれの国で相当なエリートであるという前提だからそうなってるんです。日本の大学っていうのは、いわゆる中から下ぐらいの人たちを教育するシステムとしては非常にいいものを持っていると思うんですよ。

これはある人の計算で聞いてびっくりしたけど、中国が日本並みの大学進学率に達したときには、大学の数が圧倒的に不足して、一万校つくらきゃいけないとかいう計算になると。中国は人口増は押さえてたって、進学率の増が出てくれば、当然それは大学不足が顕在化してくると。そうしたときに、いま中国で大学に行く層はたしかに、日本の大学じゃあきたらなくてアメリカに行くっていうことはあるかもしれないけれど、いわゆる一般教養ぐらいのことで大学に行く層が出てきたときには、これは日本で吸収すればいいじゃないかと。

——とても合理的ですね。

―寺脇― そう。そのときに備えて、きちっと留学生制度とか、入国管理制度を考え直しておかないといけないところなんですよ、今のうちに。例えば日本に来ると、日本で稼いだ額で、むこうに帰ったら何年か遊んで暮らせるみたいなことが起こってしまうと、結局稼ぐために留学して来る者が出てくるから、それはなんらかのかたちで防ぐようなやり方を考えるとかね。そうしたことをきちんと国家間で協定を結んでやっていけばいい。そこのところはね、例えばですよ、留学生の衣食住、生活は完全保障するから、そのかわりアルバイトを禁止するとか、働くにしたって、衣食住のために足りる程度に所得を制限するとかしなくちゃいけないでしょう。もちろん、単に低賃金にすると日本の労働者の足を引っ張ることになるから、そういうことも考慮に入れて、システムを考えないといけない。
そういうことを、難しくても技術的に解決して、実現を考えなきゃいけない時期に来ているわけですよ。韓国だって少子化が急速ですから将来、おそらく学校を潰さなきゃいけないようなことになってくるでしょう。それは一国のなかだけで考えると潰すという話になるけれど、オールアジアで考えたらこんなもったいない話はない。

――そうですね。

寺脇　実は、似たことは前にも起こっているのです。私が医学教育課長をしているときに、日本は医者余りになっちゃってるから全国の医学部の入学定員を減らせっていう圧力が医師会からかかって、減らしちゃったんですよ。

――今は足りないって言われていますね。

寺脇　馬鹿馬鹿しい話です。今でも足りないことはないって医師会は言い張りますけれどね。それは地域的偏在があるからですが。
その当時私は、なんだそれなら入学定員のうち日本人を減らして、あとは外国人を入れればいいじゃないかと考えた。その時調べたんですが、例えばスリランカ全土に、歯医者を育てる学校は一つしかない。ネパールなどもそうだけれど、歯医者不足というのはものすごく深刻。ところが日本では歯医者が余っていて、歯科医師会も圧力をかけてきて、もうこんなに要らんとか言ってるから、そういう案を考えたわけですよ。

結局現実には何が起こったかというと、各校五人だか十人だかを一律に減らすと、実に日本的な決定をした。

だけど、言ったように、琉球大学などをはじめとする外国人が学びやすい学校をいくつか作って、そこはもう医学部入学者の半分は必ず外国人とかいうふうにしたらいい、と私は考えた。いろんな問題点はもちろん解決しなきゃいけないんですよ。医師免許の相互認定とか。でもそれらは努力すればクリア可能なわけで、一番のネックはなんだったかというと、日本の医学部の先生が嫌がったわけです。そんなわけのわからん外国人教えたくないとか、学力が心配だとか、要するにそういうことをおっしゃる。

――アジアに俊秀はたくさんいますよね、どの国にもね。意欲がある人はいる。

スローガンと実行のあいだ

―寺脇― もう典型なのは、私が広島県の教育長をしているときに、障碍《しょうがい》［4］をもった子も高校に受け入れる、という方針を出したのです。それは、教職員組合がさんざん言ってきたことなのです。何十年も。障碍をもった子にも普通の高校で学ぶ権利を認めろ、受験をさせろと。私は、じゃ入れようって言ったのです。大事なことだと。私の戦略では、その代わり、どんな子も受け入れるかわりに、それまでの広島県の高校がやっていたように、勉強の好きな子にも「するな」みたいなことはやめましょうと言った。障碍を持った子も受け入れるし、一生懸命勉強して、有名大学に入りたいと思ってる子に、お前は間違ってるみたいなことを言うっていうのもやめましょう、っていう戦略のもとに、単なるヒューマニズムでなくやったわけです。そして何が起こったかっていうと、障碍児が入った組合の分会が文句を言ってくるんですよ。

――何て言ってくるんですか。

―寺脇― こんな子が入ってくると俺たちの仕事が増えて大変だ、と。

しかもそれはね、そんなこと言わせないために人員的に加配してるんですよ。ある高校に障碍児が一人入ったら、一人教師を増やします、と。それでも言うんですよ。

普通なら四〇人に一人の教員をつけていくところを、障碍のある子のために特別加配でつけますと。ただし、その特別加配でつけた先生がその子につきっきりでやって、他の先生が、わしは知らんよというのは許さないよと。その人が増えたぶん、つまり今まで二〇人でやってたのを二一人でやるっていうことは、二一分の一ずつその子のことをケアするっていう主旨だからね。それで行くんだよって言ったら、分会が文句言ってきて、私はその子に関わりたくない、みたいな教員がいる。

——その通りだとしたらその人は人間失格ですね。

寺脇 広島県の高教組の委員長に電話かけて、この委員長はちゃんと意味のわかる人だから、あなたこういうことを言ってて世の中で通ると思うのって言った。もうあきれかえったから、マスコミにも全部公表して県民の判断を仰ごうじゃないかっていったら、それはさすがに、もう委員長がとびあがって、分会に乗り込んでいって、お前たちなに馬鹿なこと言ってるんだって一喝したけどね。

結局そういうふうに、それこそコップのなか、日本人だけとか、健常者だけとかいう世界に安住していながら、みんなの権利を認めろとか、きれいごと言ってて、そんなこと実際には起こらないだろうと思って言ってたのかよ、みたいな話なわけですよ。障碍者もいる外国人もいるということのなかで、すべての人の権利を認めようっていうふうに言ってたんじゃないの、あんたたち、みたいな話なわけですよね。

――スローガンだけだったんですね。観念的な。

―寺脇― そこが日本の左翼運動の弱いところで、しょうがないなと思って、頑張れよって言いたくなるわけですけどね。コップの中の思考。医学部の話だけじゃなしに、子どもの数が減ってきて大学が潰れるとかネガティブなことばっかり数え上げて、先がないみたいなことを言うわけじゃないですか。

人材のボーダーレス化を覚悟して迎えよ

――あの、今フィリピンから看護師を移入させようっていうことは、少子化対策の構想に適ってるわけですね。

―寺脇―　もちろんそうです。それにやっぱり日本の教育水準は高いわけだから、むしろ看護師の教育のアジアのセンターのひとつに、日本がなってもいい。

――ケアギバー（看護・介助者）だから、日本で働くのならば日本語が熟達しなきゃいけないですね。

―寺脇―　そうそうそう。だからアジアから人材を呼び込んでいくとき、レベルが低いからダメだという先入観で判断するんじゃなくて、これからレベルを高くするっていうことを考えていけばいいわけです。

――しかし、外国人労働者を入れることを賃下げ圧力と感じる場合がありますよね。すでに日本で看護師を、医師をやっている日本人は。

―寺脇―　それは個別的にはそう考えるわけでしょう。けれど大局的に、この少子高齢化社会をどう維持していくのか、若い人の労働力をどう確保していくのかということを考えたときには、局地的一時的にきしみがあっても、変えるものは変えなくちゃいけない。全員が喜ぶことではないけれども、ある一定の人が我慢するなかで全体をよくするっていう考え方に立てるのかどうかっていう問題ですよね、これも。それは今までのように右肩上がりでやってた時には考えなくても済んだことなのだけれども、今は考えなければいけないことです。

——やはり皆現状にしがみつくというか、自分たちが変わる、考え方を変える、生活も変わるっていうことに対して極度に恐怖感を持ちますよね。日本的風土の中では。

スタンフォード大学日本センターの今井賢一さんという商学博士のお話を伺ったことがあるのですが、どなたも言っていることでしょうけど、日本人の賃金はこれまで世界水準から言って総体として高すぎたわけですよね。ボーダレス化がすすめば相対的に下がるのは避けられない。

寺脇 賃金が下がったって、生活にかける経費が安くなれば構わないわけで、そういう考え方をしていかないと……森永卓郎（経済アナリスト＝分析家）さんが年収三〇〇万円で生活することを考えようっていう本を出して売れましたが。あの人のような金持ちが言うからリアリティがないけど、私は三〇〇万でも生活できると思いますよね。銀座でワイン空けるのをやめて、一切れの塩サバと一本の缶ビールがあればもう充分だっていうふうな考え方に立てばこの国は救えるんだよね、とある尊敬する先輩の官僚がおっしゃってました。だけどわれわれ官僚ですら、一切れの塩サバと一杯の缶ビールじゃやっぱりさびしいなっていうふうに思いがちなんですよね。世の中の空気が、非常に消費至上主義的になっているから。

――収入が少なくても、生きていくことはできるっていうことを社会が保障していくことが大切ですよね。

寺脇――そう。だからセイフティネットは厳重に張らなきゃいけないわけですよ。のたれ死にする人は絶対に出ない社会にする。それこそ憲法でいう最低限度の文化的生活っていうことを大議論して、これだけは絶対守りますよと決めたうえでね。

若者を閉め出している社会

――そういう意味では、日本の国民皆保険制度というのは非常に誇るべきものだと私は思います。

寺脇――そうですよ。

——一昨年の暮れかな、混合診療[5]解禁の動きがあったときに、私も関心を持ちました。やっぱりこれは外資が入ってきて日本人の健康を市場化してしまうっていう話でもありますしね。日本の社会政策が作り上げてきた、しっかりしたセイフティネットの一つに、金持ちでも貧乏人でも命に関しては差別されないということが、少なくとも建前としてはある。実際は、差額ベッドとか高度先進医療とか、貧富の差で受けられる医療が変わることは大いにありますけれど。しかしその建前さえも外して、医療も市場原理ばかりで動くようになっていいのかっていう疑問を持ったんです。

寺脇　それ、教育も市場原理にすべて任せていいのか、という話にもなりますよね。私に言わせれば、市場原理も導入していいんだけど、最低のセイフティネットだけは絶対守らないといけない。大学なんかは市場原理で全然構わないと思うけれど、小中学校の教育が市場原理で決まる、なんてとんでもない話だということですよね。

——ちょっと個別的な問題なのですけれど、私は短大の教員をやっていたことがあって、幼稚園教諭、保育士——いま幼保一元化がすすんでますから、保育者と呼ばれる場合が多いですが——になる人たちとたくさん出会って話をしてきました。彼女たちがどうして短大に来ているかというと、もちろん四年制大学に落ちたから、という例もあると同時に、家庭の経済に四年制に行くだけの余裕がない、という例も多いんです。私は奨学金対象者の面接などもしましたから、奨学金を望む学生の所帯収入など、プライバシーも知る立場にありました。書類を読んでいると、あ、ずいぶん「失われた一五年」のボディブローが来てるな、と感じた。一八歳から二〇歳ということは、親がリストラされる世代ですからね。

でもいまの学生たちは、誰でも簡単に就職できた時代と違って、何らかの専門性を身につけないといけないと思っているから、しっかりした意識を持って児童教育の学科に入ってくるんですね。それなのに、保育者の専門性に対する社会の評価が、日本は非常に低いんじゃないか、これでは少子化対策どころではないぞ、と思うのですがいかが思われますか。

―寺脇― いや、低いですよ。専門性を持った保育と単なる子守の区別もしてない人が多いですよ、日本は。

全体にそうなんだけど、とにかくこの日本が最低なのは、大人たちが次の世代のことを考えてないんですね。次の世代のことを考えないで、自分の世代が逃げきることしか考えてないとしか私には思えない。むしろ私のように子どものない人間の言ったほうがリアリティがあると思うけど、子どもを持ってる人たちがそれでいいのかって思うのは、例えばいま保育でも理美容でもね、どうなってるのかと言うと、学歴制限ばかりどんどん上げて行ってるわけです。

それは専門性を高めるためじゃないんですよ。つまり理美容でも保育でもね、どんな学歴であろうと技術を持ってなきゃ、理美容なんか一番わかりやすいけど切る力なかったら話にならないじゃないですか。その専門教育を充実しろという話ならわかるんだけれども、何が進んで来たかって言うと、中卒でも理美容師になれていたのが高校卒業しなきゃなれないとか、短大を卒業しなきゃなれないとかいうケースが多くなってきた。

その理由ははっきりしてるんですよ。学歴要件を上げることによってその職の価値を高めようというわけです。でもそれは、現にいまやってる人にとって都合がいいからです。もちろん新しく参入してくる人にもいい点はあるけど、それ以前に、参入すること自体に障壁を作ってしまうわけです。将来理美容の仕事を志す子どもとは別のところで、いきなり、国会で理美容師法が改定になって、高校卒業していないと理美容師になれないっていうことになったわけです。何でも学歴、という意識ですね。

――ほんとにみんな自分のことしか考えてない。しかも自分の身分は安定したところで。

寺脇 そうそうそう。ほんとに子どもたちの未来について、どう考えてるのか。それから一番恥ずかしいのは、改定を求める人たちはなんでそんなこと言うのって聞いたら、他の資格は大卒が要件であったり短大卒が要件であったりするのに対して、われわれの仕事が低く見られると。それは今なっている人が低く見られるから嫌だっていうだけの話ですよね。

――若者の新規参入をすごく一生懸命邪魔してる社会ですよね。

寺脇 そうそう。医療だってなんだって全部そうなんですよ。保育士もそうなんですよ。昔は高卒でなれてたんですから。高等学校に保育科っていうのがあったんですよ。もう今は全滅しましたね。あれもやられちゃったわけですよ。法改定されて、短大を出ていないと保育士にはなれないと。保育科の高校に行ったって意味がない、となっちゃう。実際は意味なくないんですよ。つまり、保育科の高校っていうのは専門教育をやっているんですよ。でも、普通科高校卒と保育科の高校出たのが同じ条件でしか扱われないなんていったら馬鹿馬鹿しくて確かに保育科高校に誰も行かなくなっちゃう。

結局それは、おっしゃったように、専門性の切り捨てなわけですよ。もしどうしても短大っていうんだったら、保育科高校から短大に行って、保育士になるっていう道をお勧めすればいいわけであって、ところが保育科高校を廃止するという話になってしまった。私が関わっているときに専門教育をする高校で唯一滅ぼしてしまったのは保育科高校。悔しいことだけれども、それは学歴要件でやられちゃったからアウトなわけですよ。

実は日本ではやり直しが利く

――いまは短大がそういう標的になってますよね。

―寺脇― そうです。私も短大の集まりに行って話すことがありますが、短大で立ちゆかないから四大になるっていう考え方のところは潰れるんじゃないの。潰れないとしても、考え方がおかしい。つまり短大よりも四大のほうが優れているっていう考え方がそもそも根本的に間違っているんです。短期の教育をする必要がある場合と長期の教育をする必要がある場合があるわけだし、その選択肢をいろいろ作っていかなきゃいけないんです。

専門学校の集まりに行ったらもっと私、言うことがあります。専門学校には、中学校を卒業して単純技術を習得するために入るレベルのものもあれば、東京大学工学部を出たような人が入る、中央工学校のある種のコースのようなものもあるわけで、一般論で言われたってそのレベルはわからないわけだから、要はそのなかでどんな専門教育をするかっていう問題じゃないですか。

そこのところは抜きで、より高い学歴があればいいみたいな風潮は、それは大人の尺度であって、つまり大人たちが、中卒はダメだって思ってるからそうなるのであって、もしそういう大人たちの思い込みさえなくなれば、中卒で理美容師になってたって全然なにも恥ずかしくないし、俺はカリスマ美容師だと思っちゃえばそれで済む話なのに、っていうことですよね。

——詳しくはないんですが、ドイツでは比較的早期に職業訓練を始められるのだけれども、途中でその専門を変えることもできる。そして職業学校にいたということが、他の仕事をする場合にも、職業人としての基本的な訓練を受けたということで、一定の社会的な尊敬を受けている、と聞いたことがあるんですが。

—寺脇— それはそういう面もあると思うし、一方でやっぱり、非常に早期に進路を決められてしまって根本的には変えにくい場合もあるらしくて、それが今大問題になっていると、こないだちょっと報道で見ましたけれども。つまり昔のドイツでは、それはしょうがない当たり前だと思っていたのだけれど、もはや、それは耐えられないと思う若い人が増えてきて、という話ではないかと思います。どんなシステムも、社会の変化に合わせて変わっていかなくてはならない、ということですよね。

でも、意外に思われるかも知れませんが、日本ほどやり直しのチャンスがある社会はないんですよ。日本ほど、学習することの専門を何度でも変えられる社会は少ない。費用はある程度かかるにしたって、例えば一八歳過ぎたやつは受けいれないよなんていうことは過去にはあったけれどもういまはあり得ないわけですよね。少なくとも門前払いを食わされることはない。

そういう意味でのやり直しのきく社会に実はなってきているのに、改めて「再チャレンジ」みたいなことが言われると、あれは起業者や事業家が破綻したときのやり直しであって個人の再学習とは違うらしいんだけど、まるで一切やり直しの利かない社会みたいな錯覚に、よく吟味もせずにみんな陥ってるんじゃないのかと思います。それが格差論の罪の大きいところで、なにか格差が固定化してしまうなどと言っていますけれど、いまだにこんなに階層間移動の可能性が高いところっていうのはなかなかないと思っているんですよ、私は。

学費は自分で払うのが当たり前だ

―寺脇―で、はっきり学費に対する考え方を切り替えるべきときに来てるんじゃないでしょうか。つまり日本の社会がおかしいのは、学費は全部親が出すっていう考え方が中心でやって来ているわけですよね。さっき言ったことと矛盾するかのようですが、日本の大人って子どものことを考えていないんだけれど金だけは出すんですよね。

——とにかく高学歴にして、「上層」にしたいがためにね。あるいは下層になる恐怖から。

—寺脇— 金は出さなくていいから、彼らの未来をもっと考えるべきだと私は思っているんですよ。私に反論する人は言いますよ。そんなこと言うけど学歴を子どもに残してやるっていうのは親の務めでしょ、とか。違いますよ。子どもに、破綻した年金や医療を押しつけるような社会を遺すことのほうが、一〇〇倍罪がありますよ。

格差論が出てくる背景には、日本が一九八〇年代ほどのだぶだぶの金持ち国じゃなくなっているということがあるわけでしょう。金持ち国でなくなったときにまで、金で解決しようと思っていることが間違ってるわけだから、システムを、若い人たちが希望を持てるものに変えていくことをしないといけない。とするならば、欧米がそうであるように、特にアメリカがそうであるように、学生は全員自分で学費払って大学に行ってちょうだいね、というのが正常だと思います。金持ちの家の子どもも金持ちでない子どもも。

——奨学金システムを充実させるということですね。

—寺脇— そうです。奨学金で、奨学金を返すのが大変で苦労しているとか、そこまで言う人もいますがそう言ったら話にならないじゃないですか。

――あんなに利率が低くて安全な借金はないですからね、他に。

寺脇　それをね、返すのが大変だなんて記事まで出るようになったのでは、これはもう社会の不安をただ煽ってるだけの話であってね、あれだけ低い利率でかつ長期間で、サラ金みたいに無茶な督促をするわけでもない、むしろ取りはぐれが多いって問題になってるようなもののことまでね、それじゃダメだみたいな記事が出てきたんじゃ根拠の薄い絶望感と不満感を増大させるだけですよ。親がリストラされようが自己破産しようが、自分が奨学金を借りることはできるんです。

――私は学生に面接をするときに「ぜひ借りなさい」と勧めていました。これ以上安全な借金はないから、お父さんお母さんが家計が苦しいっていうことで短期借り入れみたいなものを増やさないためにね、あなたが借りなさいっていうふうに。

寺脇　その通りですよ。馬鹿馬鹿しい話に、教育ローンっていうのがあるわけじゃないですか。親が払うためのものですよ。奨学金というのがあって、奨学金のほうが利率も低いのに、教育ローンで借りて子どもに流すわけじゃないですか。

――教育ローンはあくまでも商売ですものね。

一寺脇一　これは日本の大学生の、学問への意欲を上げていくためにもそうするべきであると思います。学費は自分で払う、というのを世の中の常識にする。

ある時、大学生の企画した集まりがあって私も参加したんですが、そこで民主党の浅尾慶一郎参議院議員が、大学生たちの前でスピーチしたわけですよ。そのときに浅尾さんがね、この中で自分で学費を払ってる人、手挙げてみなさいって言ったら、二〇〇人ぐらいいるなかで二人ぐらいしか挙がらないわけですよ。それじゃ勉強するわけないだろうって思います。

浅尾さんはアメリカの大学出身なので、アメリカの学生はみんな自分で払ってる、だから授業が休講になってうれしいなんていう学生は一人もいないと。自分で学費を払って勉強しに来ているから教師の評価もするし大学の評価もするし、要求もしていくと。学費を払っているのに時間を無駄にして遊んでる場合じゃないよってその議員は言っていましたね。

私もびっくりした。そこには有名大学の学生が多かったから、金持ちの家庭の子どもが多いっていう結果がそうなんでしょうけれどね。それで、そのときの会合のテーマが、なぜ大学生が勉強しないのかっていうテーマだったから、馬鹿なこと言ってんじゃないよみたいな話です。

——自分が学ぶために社会からお金を借りているんだという意識を奨学金を受けている学生がしっかり持てば、学習意欲も就労意欲も高まるはずですよね。

寺脇 そうですよ。

大学生は大人でしょう?

——大学生は、年齢的にも半分社会人なんだ、という意識がないのが日本の多くの学生の格好悪いところですね。

寺脇 そうそう。これは今度の教育基本法の改正案でいい部分だと思うけれど、高校までとそこから先は違うよ、ということを明記しようとしていますよね。つまり今までの日本の教育課程では、高校の位置づけが不明確だったわけです。小中学校は義務教育、これは誰もが争うところがない。大学というのは高等教育です。じゃ高校はなんなのっていう状態だったのを、高校までは普通教育です、金に余裕があったら無償にしたいぐらいのものなんでございますと位置づけているんですね、改正案では。

それは実は昔、私が担当の政策課長の時、九九年の中教審の答申で書かれたことなんですけど。そこまではだから、障碍をもっていようがなんだろうが入るチャンスを与えると。だけど入る義務はもちろんない。小も中も高も、あらゆる人がそこに入れるようにしてやる必要はあるけれども、入る義務はないんですね。入れるようにする義務が大人の側にある、というだけです。

親権者および社会に、入れる義務があるということですね。ということは裏を返せばですよ、大学は全員が入れるようにしてやる必要なんか毛頭ないということです。それはつまり、大学は、社会が責任を持ってあなたを教育してくれる場ではないと。高校までは、あなたが頑張らなくても、あなたの意志がもしそんなに強くなくても社会が後押ししてくれる。しかし大学に行くのかどうかは、あなたが石にかじりついてでも入りたいのかどうかっていう問題なんだということですよ。

で、奨学金であっても借金するのがいやな人がいたら、サバティカル（長期休暇）で、二年ぐらい社会奉仕活動の機会を与えて賃金を払ってやればいいんですよ。

――いまやそういうことができますからね。以前は、日本の企業風土が、新卒しか採らないっていうことだったたから、なにかその、一年間別のことをする、働くとか、旅しながら学ぶとかいうことに過剰な恐怖を抱かされていたところがあるんじゃないですか、日本の若者は。そんなことをしていたらコースを外れてしまう、と。これは社会が悪かったんですね。

―寺脇― 韓国は、徴兵制度があって、大学生は在学中に兵役に就く場合が多いですから、女子学生は二二歳で卒業するのですが、男子学生は二五歳以上で卒業、という人が多いんですよね。

しかも選択肢がいろいろあって、大学に入ってから兵役を勤めてもいいし、兵役を勤めてから大学に入ってもいいし、大学終えてから兵役を勤めてもいいのですが、たいがいは、在学中か就学前に兵役を経験しているわけです。そうすると、そのときにそれなりに兵としての給与が出ます。現在では兵役期間全体で日本円にして二十万円足らずらしいですが、それは平等に払われる。生活は軍が面倒見るから全部貯めようとすれば、入学金くらいにはなるでしょう。そうやって自分で稼ぐことを、どんな豊かな家庭の子でも必ずするわけです。家が貧しい子どもの場合でも奨学金制度などが充実しているので、稼ぎで足りない分は自分で借りて大学へ行く。

「心のノート」をめぐって

——一点、別の話で伺いたいのですが、「心のノート」［6］をめぐる騒動に関するご見解は？

一寺脇一 あれはね、河合隼雄先生（文化庁長官）は被害者ですよ。心のノートを作るっていうのは河合先生が決めたことではなくて、先生自身も、ないよりはあった方がいいし、それが金科玉条のように使われることはないと思いつつ、まあよりベターなものをつくるのなら協力しましょうというようなことでやられたのだけれど、京都あたりで一部の人たちからは諸悪の根源みたいに言われてガンガンやられてますよね。

私もあれを作るプロセスに、実は参加してたんですよ、外部から。初等中等教育局が担当なんだけど、生涯学習の立場からチェックしてくれっていう話があって、私も意見を言うために見せてもらったら、これは、ないよりもいいかも知れないと私も思ったけれども、結局使い方の問題ですよね。いいことも書いてある。自尊感情を持てるような方向に導けるような部分もある。

だけれどやっぱり基本的に学校の先生が集まって作るものだから。河合先生が関わっているって言っても全部書くわけじゃないですから。

例えば、丁寧な言葉を使いましょう、というクイズみたいなものがあるんですが、正解が全部標準語になっている。私は、これはおかしくないか、方言で丁寧な言葉だってあるでしょうと意見を出したのですが採用されなかった。

あれは、いきさつとしては、実は「心のノート」を作るということが最初にありきだったのではなくて、河合先生などの考え方では、道徳的なことについて、最小限の国民的合意というものをしたらいいいんじゃないのかと。つまり誰もが反対しないような徳目というものが当然あるだろうと。例えば親を大切にしろっていうのは必ずしも誰もが賛成する徳目ではないから、そういうのは外しますと。虐待している親はどうするんだみたいな話が出てきますからね。しかし、自分より弱い人を助けましょうというのは、これは助けなくていいっていう人は基本的にはいないだろうと。あるいは、人を傷つけたり殺したりすることはやめましょう、とか、そういう最小限の徳目の合意を確認するっていうのが河合先生の考え方だったのですが、そういう方向には行かなくって、まあいろいろ、これも妥協の産物ですよね。

実は反対派がかえってあんな形の「心のノート」を作らしめたっていう見方もできないわけじゃないんですよ。つまり、妥協の産物としてあんな中途半端なものができてくるっていうようなところがある。こちらも思い切って反対派を土俵に上げて、私たち誰もが認められる徳目がある、それをやろうっていうふうにやればうまく行った可能性もある。それを、一部を捉えて、そういうものを作るのは教育勅語の復活につながるとかそんなことまで言う人もいるから、あんな半端なものができちゃうわけですよ。

――反対する勢力も代案を出せばいいんですけどね。「つくらないでこういう教育をする」という代案でもいい。しかし、「心のノート」には良く考えれば問題のある記述があるのも確かで、これはあるトランスジェンダー（性別越境者）の人から言われてはっとした話ですけれど、心のノートには「心に思い描く異性」という話が出てくるでしょう。ヘテロセクシャル（異性愛）を完全に前提としている。子どもたちのなかにもいろんなセクシュアリティ（性的傾向）を持っている人間がいるというのは今はすでに十分明らかになっていることで、しかもそれは矯正すべき病気、ということではない。「心に思い描く異性」という記述をほとんどの生徒が何の疑問も感じぬまま通り過ぎる中で、同性が好きな子ども、は疎外感を持つでしょう。右翼という か伝統的家族主義者の一部は、そういう問題をないことにしたいようですが、あるんです。では、そういう多様性の問題を低い年齢から考えさせる社会にするかどうかという、そういう大事な議論は起こらないんですね。

―寺脇― そうですね。とにかくあの場合は、徳目主義がダメだっていうもんだから、あんな総花主義みたいなのを書くようなことになったわけですよね。

薩摩の西郷隆盛の時代の、郷中教育《ごじゅう》っていうのがよく言われます。そこにあるすべての徳目がいいかどうかは別として、嘘をつくなとか、弱いものを苛《いじ》めるなとか、絶対肯定できる教えがあるじゃないですか。でもそういうことを確認することさえが教育勅語復活になるとかいって反対する人たちがいる。ほんとにね、右傾化右傾化っていうけど、ダメな左翼がいて混乱させてるんだと思うんですけど。

❶**教育基本法**……昭和二二年施行。教育の基本理念、義務教育の無償、教育の機会均等など日本の戦後教育の基本理念を定めたもので、学校教育法や社会教育法などすべての教育法令の根拠法としての性格を持っている。近年、時代や社会状況の変化を踏まえた教育改革が必要であるとの認識が高まり、平成一八年四月に教育基本法の改正案が閣議決定され、国会に提出された。より詳しくは↓**教育基本法（昭和二二年法律第二五号）**

・**教育基本法ってどんな法律？**（http://www.mext.go.jp/b_menu/kihon/about/main.htm）

❷**「不当な支配」**……教育基本法第一〇条「教育は、不当な支配に服することなく、国民全体に対し直接に責

任を負って行われるべきものである。」の部分のこと。何が「不当な支配」に当たるかについて論争が絶えない。

❸**教職員組合**……日本教職員組合。組合員数四〇万人。昭和二二年に組織された。構成員は公立、私立を問わず小・中学校、高等学校、大学、専門学校に勤める教員、事務職員、栄養職員、学校作業員等。より詳しくは↓

・日本教職員組合ホームページ（http://www.jtu-net.or.jp/）

❹**障碍**……「障害」と表記することの方が今のところ多いが、「害」の字はネガティブ（否定的）だという意見がある。かと言って単なる言い換え・書き換えをすればよいというものでもないが、文部省国語審議会による漢字制限以前は「障碍」だったと聞き、ユビキタ・スタジオの編集方針としては基本的にこの文字を使うことにした。

❺**混合診療**……保険診療に、保険の利かない先端医療などを混合して診療すること。現在では、保険適用外の治療を選択すると、保険が利いていた部分まで自己負担になる。そうではなく、保険診療と保険外診療を組み合わせられるようにしよう、というのが「混合診療解禁」。一見いい話のように思えるが、そうなれば新薬の保険適用申請に製薬会社は消極的になるし、そこをカバーするための民間保険が栄える。「民間」「外資」のために国民皆保険制度を掘り崩そうというのが、混合診療解禁の本質。「すべてを市場化する」新自由主義的な流れの一つ。

❻**「心のノート」**……文部科学省が平成一四年に作成し、全国の小中学校に配布。児童生徒が身に付ける道徳の

内容を表し、道徳的価値について自ら考える端緒となることを企図したもの。より詳しくは→「心のノート　小学校1・2年生」、「心のノート　小学校3・4年生」、「心のノート　小学校5・6年生」、「心のノート　中学校」（いずれも文部科学省）、文部科学広報　平成一四年第二三号（七月三〇日）、第二五号（九月三〇日）、平成一五年度道徳教育推進状況調査の結果について（文部科学省報道発表）、新教育課程の推進等について（平成一四年中教審初等中等教育分科会第六回議事録）

・文部科学省著作刊行物（http://www.mext.go.jp/b_menu/shuppan/chosaku/021201.htm）

第3章　多様な人間を、公正《フェア》に教育するには？

障碍児に、学校の二重在籍制度は？

――今日は、とくに特殊教育のことも考えながら、教育制度の全体設計についてお伺いすることから始めたいと思います。

学校教育制度というのはある面で、先日も申したように人を振り分ける機能をもっていますね。

寺脇――そうですね。

――ただそれが、階層を分断するかたちに働いてはいけないというふうに思います。階層ではありませんが、やむを得ず「弱者」と呼ばれる人たちの教育・療育［1］について、現状をどうお考えになりますか？

寺脇――障碍児教育については、統合教育［2］と分離教育［3］それぞれを主張される方たちが、ともにすぐ理念論に走りがちだ、という弊《へい》を感じています。統合教育を言う人たちのなかには、なにがなんでもしゃにむに、障碍児を普通学級に、という考え方があった。それに対して分離教育を言う人たちは、統合なんてとんでもないと、これまた極端になりがちですね。

日本の教育というのが、悪しき意味で、教育学者たちの理論に非常に影響を受けてやってきたというところがあると思います。また文部省自体も、いわゆるマネージメントのほうについては、学者の意見を聞くよりは自分たちできちんと考えて判断してやってきたのだけれども、教育内容については、専門家の意見を重視するという考え方がとても強かったわけです。

私が役所に入った一九七五年頃でもまだ、教育行政をやる役人というのは、教育内容については専門家に全部聞けよ、専門家の言うことをきちっと官僚として実施していくということにしろよという空気があって、むしろそっちはもう官僚自身は勉強しなくてもいい、教育内容のことは学者の人たちに任せておけばいい、くらいの雰囲気でした。

例えば、今のテーマで言うならば、学者・専門家の人たちが統合教育と言うのだったら統合教育をすればいいし、分離教育と言うなら分離教育をやればいいと。もちろんそれについて世の中に賛否が出てきたときにはそこの間を調整するということはあるにしても、そんなふうだったように思います。

これは別に障碍児の問題だけじゃなしに、あらゆる教育の問題というのが理論に振り回されてきた歴史があると思うんです。だから今例えばこんなこと言ったらほとんど九九パーセントの国民が怒りだすだろうけど、子どもを教育する教育権は教師にあるのか国にあるのかということを大論争していたわけですよね。そんなものは教師にも国にもないっていうことは今日的に言えばもう明らかなのに、三十年前にはそれが本気で議論されてた歴史がある。

――まだ現憲法を支持する人が多かったなかでさえ、その基本に関わることがわかってなかった。

寺脇――もちろんそうですよ。いや、むしろ憲法を支持している勢力のほうに、教育権議論を巻き起こす人が多かったわけでしょう。つまり教師に教育権があるというトンデモ理論が罷《まか》り通ったわけですよね。とんでもないでしょ。公僕がそういうことを言うなんて。

――それは教職員組合が強かった頃でもありますね。

寺脇――教師に教育権があるということは警官に警察権があるとか、自衛隊員に国防権があるみたいな……

――それはおそろしいですね。

―寺脇― 恐ろしい話ですよ。よくあんな議論、真顔《まがお》でできてたもんだなと思っちゃいますね。そんななかで非常に硬直した議論が行われ続けてきた。例えば、この間お話した、専門教育と普通教育という問題でも、もうどっちかなんだと。例えば商業高校に入ったやつは、金輪際《こんりんざい》普通教育の道へは進めないいんだとか、普通高校に入った人間は金輪際職業教育の学校へは行けないんだというような、非常に窮屈なセパレートコースが生まれてきた最大の原因というのはそういう理念主義ですよね。

で、もちろんそれに加えて出てきたのは、今これは反省を迫られている、民主主義の悪しきかたち、利己主義みたいな問題があって、つまりクラスに障碍を持った子が入ってくると、私の子どもが迷惑だからやめてくれ、なんて親がいる。また、この間もお話したように、教師の側が、理念はきれいごとを掲げているけど、実際に障碍児が来ると「めんどくさい」みたいなことを言い出すこともありました。

もういまやそういうのは言えなくなっているし、老人福祉施設や保育施設と学校が併存するっていうことだってそんなに珍しいことではなくなってきているけれど、つい十年ほど前は、例えばたしか港区で学校を改築するときに、老人ホームと併設するという話になった時――併設すると言ったってなんかすごい立派なビルにしてあるし、学校と老人ホームのフロアは違うんですよ――フロアが違っても、そんな汚い年寄りとうちの子を一緒にしないでくれって親が言ってダメになったとかいう話があった。

民主主義が成熟していないなかで、他人を排除するというよりは自分の子どもの「損」にならないようにするというような自己中心的な考え方があったんだと思うんですね。そういう世情のなかで非常に不幸なことが起こってきて、統合教育しからずんば分離教育、どっちかだ、みたいな考え方になって、中間をとっていくという考え方が育ちにくかったわけです。

いまや、いわゆる特別支援教育［4］という考え方に切り替わっていくなかで、そこが柔軟化してきていると思うけれども、私は前からなんとかならないかと常々思っていたのは、例えば二重在籍というようなことを可能にすればいいのですよ――これもこの頃できるようになりつつあるけれども――養護学校等と普通学校に両方に学籍を持って、出入りできるようにすればいい。

――体調のいいときは普通学校に行くとか？

一寺脇一　調子のいいときは普通学校という場合もあったり、例えば鍼灸《しんきゅう》のような専門技術、障碍を持って生き抜いていくための専門技術を学んで身につけていくということは、そういう準備のある学校で専門の先生に付いてやったほうがいいわけです。

そのように、一人の子どもが普通学校と養護学校等を行き来しながら学んだり集団生活を体験していけることがあってもいいし、あるいは、養護学校等と普通学校を同じ敷地のなかに併設するということももっと考えていい。

ようやくこのごろ、そういうことが一部できはじめていますね。ただその時に、いまだにやっぱり統合教育論者も分離教育論者も理念主義、一種の曲がった完全主義で反対したりするような不毛な議論が起こってしまうというのが不幸なところだと思うんです。要は、その子どもが学習するときに必要で一番便利なシステムを、しかもいろんなコースを選べるようにして、コストパフォーマンス上可能な限り作っていくという考え方をすればいいわけですよね。

――当事者からすると、二重在籍制などはいまあるインフラのなかですぐにでも実現する、良いことだと思います。

小規模校だって存続できる

―寺脇― これはね、障碍児に限らず全部がそうなんです。例えば同じ二重在籍で言うならですね、これはまだ誰も実現してくれていないけれども、教師の側の二重在籍があってもいいわけですよ。複数の学校で、生徒もかけもち教師もかけもち。

教師の人員配分というのは、基本的に生徒数に基づいてやるわけです。小学校の場合はそれであまり問題ないのだけれども、中学校の場合、定数配分と言ったって、例えば数学とか英語とか国語の先生は、定数に応じて配分しておけばだいたいアンバランスはないのだけれども、音楽や美術のように、授業時間数の少ない科目を、生徒数の少ない学校でやろうというとき、定数で言うならばその学校は、一は多すぎる。多すぎるけど一は置いておかないといけないといった問題が出てきますね。そうすると、音楽や美術の先生一を置いたために、定数は全体でカウントしますから、例えば数学の先生は本当はそこに三人いなければいけないのを、二人にしようなんていうことになってしまう不都合というのがあるわけなんですよ。

だからそういう授業時間の少ない科目の先生は、二校か三校かけもちしてやっていけば、そうするとその人の頭数っていうのは二分の一か三分の一になるわけですから、数学の先生をその分雇うということができたりするんですね。

あるいは、生徒の側でも、いろんな問題があって、例えば過疎地で、学校が統廃合されます。五つ小学校があって、どれももう生徒数が五人とか六人しかいないよと。これはいくらなんでもというので、しょっちゅうあることですけど、これを一つの学校に統合する。ところが、村の側は、当然集落に一つずつ学校があって、それがコミュニティの中核となって一〇〇年以上やって来ているわけですから、それがなくなるということに対する猛反対運動が起こる。そこですごい揉めごとが起こったり何年も何年もかかったりして前に進まなかったりする。

私が提案しているのは、本校分校システムをとればいいじゃないかと。その五校なら五校で、一つの学校だっていうふうにカウントすればいいじゃないか。つまり、生活の基盤である村にある小さな学校では、算数とか理科のような少人数指導がいいものは、そこでやる。当然社会性を育てる必要もありますし、体育や社会科のように大人数でやったほうがいいもの、やれるものについては、みんなが一カ所に集まればいい。例えば、月曜と金曜は地元の学校で勉強して、火水木はみんなスクールバスで一カ所に集まるというような、柔軟なことだって考えられていいんですよね。

ついでにお話をすると、これはあるところで提言したんですが、一クラスの人数が少なければ何もかもいいというのは虚妄、思い込みなんですね。いま申し上げたように、たしかに算数や理科を教えるときには少人数のほうがいいかも知れないけれど、社会科では、大勢の人がいろんな考えを出し合ったほうがよかったり、体育や音楽だって、ある程度人数が多くないと楽しくない、ということもあり得るでしょう。それなのに、なにがなんでも少人数教育であればいいという思い込みが跋扈《ばっこ》している。そして結局、少人数教育か大人数教育、あるいは小規模校合併なのか小規模校存続なのか、といった二元論でなんでも対立してきた。右翼と左翼の対立みたいな、不毛な二項対立になってしまう癖のようなものが、教育界にはまだ根強く残っているんです。

普通科高校と専門高校の問題でも、その中間にある単位制高校とか総合高校というのを設けていこうというのは前にお話しした九二年改革の考え方ですが、それは結局生徒の側に便利なようにすることです。工業高校に行ったとたん、カリキュラムの半分以上は工業の科目であって、普通教育は半分以下しかできないというような状態、あるいは逆に、普通科高校に行ったとたん、工業のコの字も学べないっていう、このアンバランスを解消するべきなんです。そのために、中間的な学校をつくったり——高校っていうのはそこが一番うまく、速いスピードで進んでいるわけですけれど、そういうふうに単位制履修の高校ができてきたり、それからもうすでに、九四年から、つまりもう一二年も前から、他の学校で単位を履修してきても構わないとか、始まっています。しかもほかの学校種でも構わない例もある。専修学校で学んできても構わない。大学でも構わない。放送大学で履修しても構わない。場合によっては、町のカルチャーセンターのような非学校のところでも、校長が認定すればできるよというような柔軟なやり方をとっているので、いま実は法制度的には日本の高校生というのは、学ぼうと思えば自分の学びをかなり自由にデザインできるようになっているのです。

ところが、小中学校であるとか、あるいは養護学校等の場合は、そういう自由な選択が用意されていなくて、いろんな意味で窮屈なものになっているということだと思います。私は、障碍児を隔離して、障害児だけで育てていくという考え方に無理があるのは当然のこととして、障碍児をやみくもに、普通の学校で普通の子どもたちと四六時中過ごさせばいいという考え方もちょっとおかしなものだと思ってます。

就学前は多様な子を一緒に居させたい

――障碍の場合は一人一人がスペシャルニーズを持つことになるわけですから、例えば点滴や経管栄養が常態であるとか、医療的処置が必要な子は、やはりその基本が分かっている教員がいる養護学校がいいという選択もこのごろは多いようですね。ただ、普通の学校で健常児と触れ合わせたい、という気持ちは残る親御さんが多い。

ご意見をうかがいたいんですが、例えば就学前の、幼稚園や保育園ですね。その時期というのは、あまり勉強の競争は必要なくて、遊びのなかでの集団生活、社会体験が必要です。そうすると、障碍を持った人は必ずこの社会に一定割合でいらっしゃるわけですから、障碍を持ったり病気を持ったりしている子どもは、就学前に関しては、可能な限り、ほぼ無条件で統合というか、統合という言葉は少し強すぎて、好きではないのですが、とにかく一緒にいたほうがいいのではないかと思うのです。その点についてはいかがお考えでしょうか。

—寺脇— これはどうなんでしょう。それも一理あるとは思うけれども、やっぱりまず問題を分けて考えないといけないけれども、医療的措置が必要な子どもにとっては、幼稚園や保育所にはとてもそんな機能はないし、そこで教える幼稚園教諭や保育士のカリキュラムのなかにもそこまでのものは含まれてないと理解しているので……つまり小学校に行けばまだ養護教諭という人がいるけれども、幼稚園・保育所の場合にはそういうものの必置義務がありません。だから特別な手当をすれば別問題ですが、一般論としては非常に難しいものがあると思います。

——実は私の家族の例なのですが、今年、四歳の子どもの幼稚園探しをしていたんです。ミトコンドリア病という希少難病で風邪をひいて発熱したりするととてもまずいんです。でも普段は割と元気。チューブもなにもつけていないし、医療的措置は必要ない。

蓋然性の問題で、実際には大した差はないのかも知れないが、保育所は集団生活の時間も長くて感染の機会が比較的多いからやめておいた方がいいでしょうと医師に言われて、連れ合いは仕事を辞めざるを得なかったのですけれど、その後の成長の過程が比較的順調だったこともあって、幼稚園は普通の幼稚園で全く大丈夫ですとの主治医の先生のご判断だったんです。

それで、家が東京都豊島区なものですから、豊島区のすべての幼稚園に、そういう子どもへの対応はどういう方針ですか？　というお手紙を出したんですね。

そうしたら、お申し出は非常によく分かる、しかし予算上受け入れは難しい、という苦しい返事が多かったのです。予算というのは、うちの子は元気でも、転びやすいことなどがあり、補助員さんをひとり付けて頂くことが必要ですから。

ところが補助員をつけるのに出る行政からの援助が、豊島区は年間二十万円くらいなんですって。二十万円で一年間人を雇おうったって無理です。当然足りない部分は幼稚園の負担になる。それで、受け入れたいが受け入れられない、という事情になってしまう。

そして、たまたま私の住んでいるところから一番近いのが、日本女子大付属豊明幼稚園だったんです。その次に近いのが学習院幼稚園。なにも好きこのんでお受験幼稚園を目指していたわけではないのですが、一番近いところに聞いてみないのもおかしいだろうということで手紙を出したんですが、結局は双方とも丁重にお断りということだったんですよね。まだそういう体制が整っておりません、といったお返事で。

それは私立の幼稚園だから自由だということになるのか、あるいは文科省としては、将来を見据えて、指導とか通達とかいうかたちで統合教育にコミットする気があるのか伺いたい。というのは、障碍児というのはこれから増えていく可能性が大きいわけですよね、超未熟児でも命は助かって、しかし何らかの障碍は残るお子さんが増えてきたりしていますから。

「お受験幼稚園」も私立なら自由

一寺脇一　そこは、私立だと難しいものはあるでしょうね。つまり、私立というのは、たてまえとしてはある特定の教育目的のために学校を設立するわけですから。お受験幼稚園で選別教育をするんだ、という目的だって認められる。違法な行為でないものについて、それを言うということはかなり難しいですね。

ただ全体の話としていうならば、障碍には多種多様なケースがあるので、これをまた「障碍児」と一言で括《くく》ってしまうのも問題があるんですよね。個別のケースで、子どもの状況、耐えられる環境は異なる。それをひっくるめて障碍児教育と言ってきたことにも問題があるので、それを特別支援教育に取り替えたっていうのは非常にいいと思うんですよ。支援が必要な人。当然その支援は多種多様だから、ほとんど健康的には問題のないＬＤ児とかＡＤＨＤ児のような子などは、ひどくない状態だったら、特別なケアは必要ないように見えたりもするわけですからね。

つまり状態が全体として段階状になっているわけです。ある一点、ここからが障碍児で、そこまではそうじゃない、という話ではない。他の障害だと、指がないとか、足がここからない、とかいうふうに「何級」と認定できるものもあるわけですよね。

そこはこれからは、それこそ少子化だからこそ、一人でも、どんな子どもでも、できれば力を発揮してくれよ、という話になるわけです。健常な人間だけで頑張るから、君らは休んでいてねっていうようなことはもう成り立たないんじゃないかということなんですよね。かわいそうな人たちだから措置してやってるんだ、かわいそうだからやってやってるのに、まだ要求するのかお前、みたいな考え方というのはもう古いわけですよ。子どもが多くて、高度経済成長で、まだ日本は貧しくて、とにかく大変なんだと。すまん、君たちの食いぶちも含めて、死にもの狂いで稼がにゃいかんから、悪いけどちょっとそこらへんでひとまとまりになっていてくれ、と言っていた時期の考え方が除かれていない。抵抗する人たちも、その考え方に対する抵抗から抜けきれてないところもあるんですよね。

——あるでしょうね。運動する側にも、普段感じている怒りや圧迫感のあまり、尖ってしまうところが。

寺脇 ご存じですか、竹中ナミ［5］さんって、「チャレンジド」っていう運動してる人がいますよね。若い頃はヤンキーやってた人で、すごいスーパーウーマンですけれど、彼女は娘さんが重度の障碍をもって生まれたことによって、ただの元ヤンキー姉ちゃんだったのが、変わった。彼女が一生かけてやっている運動というのは、「障碍者を納税者にさせてくれ」という趣旨なんですね。要するにハンディキャップド（不利がある）じゃなくて「チャレンジド（課題を持っている）」だと。障碍者の可能性を引きだすように育てれば、その人たちが価値を生み出してやがて納税するからいいじゃないか。かわいそうだからじゃなくて、この人たちも納税者に育てないと実入りがないじゃないか。という考え方に立ってやっている。私は非常にそれは賛成です。

特にIT産業の進展というのは障碍者にとって福音ですね。在宅でも、身体の一部が動かなくても、とにかくコンピュータを操作する身体的能力さえあれば仕事ができるわけです。頭脳はしっかりしているけれども、身体能力が、もう指一本しか動かせないという人は、昔だったら仕事がなかったわけですよね。ところがコンピュータの入力装置を工夫すれば、絵が描けたり、プログラミングができたりするわけですよね。

一般的には、健康な人がより多くの税金を払っていて、その税金が障碍者を助けるために使われているというケースが多いから、実は、私たちの税金がこの人のために使われている、それでOKかどうかを判断するためにも、障碍者たちと分離するんじゃなくて、一緒にいなきゃいけないということがあるわけですね。

――それはそうですね。障碍者の生活の質が保たれているかどうかも見てもらいたい。

寺脇――逆に、例えば宇宙論のスティーブン・ホーキング博士のような障碍者が日本にいたとして、その人が莫大な富を生み出したときには、今度は健常者がその人の納めた税金によって、社会福祉の恩恵をこうむるという場合だってありうるわけですよね。つまり互助社会、共生社会を目指すならば、健常者としか付き合わずに、健常者だけで一生を終えるのも変だし、障碍者だけで一生ひとかたまりにしておくというのはもっとおかしいと思うんですよ。

障碍者を見たこともない「エリート」でいいのか

――いわゆるお受験幼稚園に子どもを入れて、車で送ったり電車に乗せてまで通わせる人たちは、おそらくは社会の上層に子どもを押し込みたいとどこかで思っているでしょう。お友だちも丁寧な言葉づかいをする上品なお友だちが多くていい、とか。ですが、実際の世の中にはいろいろな人が、障碍児者も含めているわけで、わが子が子どもの時期に、社会の本当の姿に触れさせないで、逆に不安ではないのだろうか、という気がします。もしそういう人たちが、子どもに何らかの意味での「エリート」になってもらいたいと思っているとしたら、なおさらです。

—寺脇— それはまったくその通りで、障碍児を知らないという問題以前に、健常でも、自分たちとは違うタイプの人と付き合わないなんていうことになっているわけじゃないですか。

それは大問題ですよ。私自身も、中学校からは鹿児島ラ・サールというお受験学校に行きました。「可能なら東大に入りたいと思っている男性」しかいない学校ですね。そういう同質集団で、女性と付き合わないだけでもおかしい。

けれども、私がそんなにひどい人間にならなかったのは、ひとつには小学校の六年間があったからなんでしょうね。小学校の時には、クラスのなかに障碍を持った子もいたし、いま考えたら、いつも汚い格好をして、垢《あか》じみた匂いをさせてる子もいたし、いろんな子どもが一つのコミュニティを作っていました。そこはね、おっしゃるとおりで、障碍をもった子と付き合わないのがマイナスだというだけじゃなしに、むしろお受験をさせる彼らが少数派を選びとっていってるような話なんですよ。六本木ヒルズに住むような人としか付き合わないとかね。

——それは間違ったエリート意識ですし、もし本当に社会に必要なエリートになっていく人は、社会のすみずみまで知っていなくてはいけないというふうに私は思います。

―寺脇― それはそうです。だけど、もういまや、お受験学校に行かせている人たちは、子どもをエリートにしようとすら思ってないんじゃないですか。いい目にあわせようと思っているだけの話であって。トヨタなどが資金を出して作った全寮制の海陽中等教育学校[6]、あれはまったくエリート育成を標榜しているだけまだましかも知れない。ただ多くの受験校に行く子の親はもうとにかく、このシステムの中でいい目に、おいしい思いに遭わせよう、ということだけになってしまっているのではないでしょうか。

――意識があるとすれば、そういう意識でしょうね。

―寺脇― そうするとね、そういう人の人生には、多様な人々と付き合う必要なんかまるっきりないわけですよ。だって現実に、お受験させている人たちの脳裏から、例えば国家公務員にしよう、なんていうのはもうどんどん消えていってしまっているわけです。

それよりも、ＩＴ長者みたいな方向の話に行くわけじゃないですか。ＩＴ長者は、部屋の中でコンピューターと向き合っている人なんていうのは誰と付き合わなくたって構わないわけだからどうってことない。でも自分の子どもを高級官僚にしようと思ったら、いくら高級官僚といえども、それはあらゆる人たちのことを知ってないと、仕事でしくじるかもしれないぐらいの発想はあるわけでしょう。それすらなくなっているっていうことなのかも知れないですよね。

——なるほど。

寺脇 だから、それすらない人たちが相対的にお勉強の能力が高いからっていうことで、官僚になるとどうなるかというと、いま「2ちゃんねる［7］官僚」たちがいるわけですね。2ちゃんねるに書きこみばっかりやってる若い官僚たちがいる。彼らは私たちとは別人種ですよ。つまり、彼らが2ちゃんねるに書いている愚痴っていうのは、いい目に遭えると思って来たらちっとも遭えねえよっていうことをグダグダ書いているわけですね。夜遅くまで働かされるし女にもてないし、給料だって高くないし、一体なんなんだって書いてるわけです。だけどそれを読んでるとね、なんて言ったらいいのかな、たぶんものすごく純粋素直なんだと思うんですね。傲慢な人っていう感じじゃない。言われてきたことと違うって言って怒ってるだけみたいな感じなんですね。

——官僚はおいしい目に遭えると思って、そんな時代は変わるということを視野に置けなかったんですね。

寺脇 そうそう。いまおっしゃったような意味で言うならですよ、エリートたるもの、弱者と付き合うべきだというよりは、人間として自分とできるだけ違う人と付き合ったほうが面白いよっていう話なんだと思うんです。

私は逆にマイノリティの人たちにも言いたいところがあります。マイノリティの人達にも、自分たちだけで運動団体などを作って、そこのなかだけで閉じてしまっているということはないか。俺たちの気持ちは普通の人にはわからない、とか。

――障碍児は確実に健常者と一緒にいたほうがいいですね、発達の面でも。例えば運動発達が遅れた子は、ちゃんと動ける子に憧れますから。自分もああしたいな、と思う。すると、普通の子と一緒に暮らした何日間かのあとは、確実に進歩がみられたりします。それまでうまくできなかった動作ができている、とか。

これは最首悟［8］さんもおっしゃっていることですが、普通学校と養護学校等が同じ敷地にある、なんていうことができたら、とてもいい結果をもたらすと思います。双方にとってね。もちろん、そこにいる教員がしっかりした人間観を持っている人でないとどうにもなりませんが。

障碍者の生活体験が一般とかけはなれたものになってはいけないと思う。マイノリティとしてこの社会に生きるなかで、健常な子たちもそばにいて、声が聞こえてきたり、というのがいい。やはり子どもには、なるべく広い生活体験をさせなきゃいけないですから。それは発達の可能性にも関わる。だから仕切られると困るんです。これはある程度都市部とか人口があるところで、大規模な学校ができるところじゃないと難しいという点はありますが、さきほど申し上げたように、いわゆる普通学校のなかに、養護学校の機能が入っていればいいんじゃないか。養護学校に医療的な措置が必要な子どもがいるなら、そのスタッフをつければいい。

―寺脇― 私もそれでいいと思いますよ。つまり併設っていうのは、入る人が混じり合う機会がある、という意味です。例えば同じ建物の一階には障碍児がいます。健常な子は二階だって三階だってかけあがれるからこっちにいます、みたいなことですよ。

――お互い興味があれば見に行きますね、子どもは。そこで交流も生まれうる。

―寺脇― 健常者側は、どうしてもサービスしてるんだという意識を持ちがちですね。おっしゃるように、障碍をもっている子どもが、「ああなりたいな」と思って発達の刺激になる、ということはあるでしょう。じゃ健常児の側には何も利益がないのかというと、私はたくさんあると思っているんです。

私はよく子どもたちや若い人たちに言うけれども、できるだけ自分と違う人とたくさん付き合う人生こそが幸せな人生であって、同類の仲間で「超うぜってー」とか、仲間内にしか通じない言葉でやっているのは寂しい人生なんです。それはサラリーマンのおじさんたちが飲み屋で、仲間内にしか通用しない愚痴を言いながら生きているのと同じだぞ、って言うんです。

――後者の方が、生きている意味というのを見失いがちだと思いますね。様々な生き方で生きている人々と付き合っていると、自分が生きているということについても考えることがあるだろうし、自分がこの人生で何をしたいのかということも手遅れにならないうちに考え始めるかも知れない。

社会を考える人間をつくる総合学習

―寺脇― 私がバリアフリー［9］教育をやったときの話をしますね。京都の小学校で、総合学習を二年間受け持たせてもらって、同じ子どもたちに二年間付き合ってやったんです。そこで子どもたちが年間を通してやる総合学習のお手伝いをしたわけですね。

一年目にですね、最初に担任が設定したテーマというのは、「地域をよくする」というもの。私はそのゲストティーチャーとして行って、地域をよくするっていうことを考える。私は最初の授業で話したんですが、地域というのはいちばん小さく言えば自分が立っているこれだけの地面だけれども、この部分をよくするのは自分でやればいいのだけれども、この教室をよくする、例えばきれいにするとか仲良くするとかいうのは誰がやればいいんだ。子どもたちは「みんな」と答えました。ん、みんなだけか？　みんなでやればいいんだ、じゃなくて、自分はもちろんやらなきゃいけないんだ。だって「みんな」のなかに自分は入ってるわけだから、自分もやらなきゃいけない。だけど教室全体は自分だけではできないから、みんなで役割分担したりしてやっていくんだよっていうようなことを教えていく。

「君の机をきれいにするっていうのは誰がやんなきゃできないの？」「僕です」そうだよね。それは隣の子はやってくれないよね。だけど教室の床をきれいにするのはみんなでする。そのみんなの力を合わせて、この状態の教室があるわけだよね、というところから校区という地域を考えて、つまり学校から出る。五年生ですから、自分の机から教室になって、この学校の中っていうところまでは容易に概念化できるわけです。じゃあ、そこから次はどの単位っていったら、この校区だよ。ではそこを調べてみようねっていうようなことで、最初は環境をよくして空気をきれいにするとか、みんな仲良くするとかいろんなことが出たのですが、結局自分たちにもできるかもしれない、一番興味がある、ということで出てきたのがバリアフリーだった。

それで、バリアフリーについて、一生懸命調べて、どんな人が困っているかというのを調べていくと、小さい子ども、お年寄り、障碍者、外国人、そういう人たちが不便をしているというのがわかって、それをなんとかしようっていうようなことを考えていく。

それを半年ぐらいやって、中間発表をするっていうから行ってみたら、「キーワードはバリアフリーとバリアと私たち」ですと言う。「バリアフリーと私たち」はわかるけど、バリアフリーとバリアって、何か言葉が重なっているんじゃないのって大人は言いたくなるんだけど、私は言わない。言わないで「どうしてそうしたの?」と聞いていったら、「バリアフリーのことを一生懸命考えてきたら、バリアっていうテーマについて考えなきゃいけないっていうことがわかったからです」と答えた。そりゃいいねって言いました。

「じゃバリアフリーにみんなでしたいんだ」「したい!」。君たちの力でできるのかって聞いたら、どうもできそうもないと言う。この校区のなかですらできそうにない。じゃあきらめるのか。いやそうじゃない、できないこととできることがある。できないからやらないんじゃなくて、できる部分だけでもやりましょう、できないところができるように努力しましょう、という話になった。

結局彼らは五年生の学年末の段階で、校区のなかをバリアフリーにするということはほとんどできなかった。でも、点字を勉強して、学校の中に点字表示を全部つけるということは彼らはできた。それはできたんです。これはできて、これはできなかった。どうするんだ。そのできなかったことをやるためにこれから勉強していくんだよ。中学校行って高校行って大学行くっていうのは、今日できなくて悔しかったことをできるようにするためやっていくんだよっていうことを言うなかで、盲導犬協会の方々とか目の不自由な方、それから聾唖の方、それからそれを支えるボランティアの方などにゲストティーチャーで来ていただいて、そのときに子どもたちに話したのはさっきの話なんです。なぜ君たちは障碍を持っている人たちをなんとかしようと思うのかな？　「それはやっぱりかわいそうだもん」「あの人たちにもちゃんと街に出て来られるようにしたいもん」。そこで、あの人たちはかわいそうなのかねっていう議論をふっかけたんですよ。かわいそうと不便は違うっていう話をした。

それでそのときに、有名な江戸時代の塙保己一の話などしました。ある日闇夜で、ロウソクが風で消えたときにみんなが右往左往していたら、目の見えない保己一は「目開きは不便ですね」と言ったという。いまだってそうだろ、地下街で地震があって停電したときにすぐ抜け出せるのは盲人であって、健常者はパニックになるだけだよと。

つまり、いまの一般的な世の中っていうのは、目の見える人にとって便利なしくみになっているけれども、目の見えない人にとって便利なしくみがあったときには、一般人が不利になるけどそのとき一般人であるみんなはかわいそうな人なのか。不便なだけでしょう。もっと言うならば、君たちが例えば外国に行ったときに、英語で表示がしてあったら分からないから不便でしょう。だけどひとたび日本に来たら、アメリカ人のほうが不便な思いをするわけでしょう。つまり、相対的な問題なんだということをわからなくてはいけない。

だから君たちが今まで、かわいそうだからバリアフリーにしましょうって言っていたのは間違い。そういうことを締めに言ったわけですよ。私は東京から来ているの知ってるよね。東京どれぐらい遠いか知ってる？　「すげえ遠い」。じゃあこの「距離」だってバリアじゃないか。毎日でも君らと会いたいけれども、そんな毎日は来られないよ。でも新幹線というバリアフリーの道具ができたものだから、二時間ちょっとで来れるから、たまには来られる。距離だってバリアなんだ。別に私が障碍を持っているわけでも君が持っているわけでもないけど障害なんだね。

私が障害を乗り越えて、バリアを乗り越えてここまで来ると君たちはうれしい？　って聞いたら、「うれしい」。私もうれしい。どうしてうれしいんだろうね。「先生と一緒に勉強できるから、話ができるからうれしい」。そうだろ。だから目が見えない人が家に閉じこもっているんじゃなくて出てきたら、その目の見えない人と話ができたり、一緒に歌を歌えたり、会えたりするっていう、それはあなたたちのメリットでもあるわけだろうと。

――なるほど。

どうしたら一緒にできるか

―寺脇― その子どもたちが持ち上がって、六年生の一年間どうするっていったときに、彼らは引き続きそれをやるって言うかと思っていたら、そうじゃなかった。バリアフリーについては、力の足りなさは、やってみてわかった。僕たちは、世の中にはいろんな人がいるっていうことがわかって、でもまだちょっとしか見てないから、まだ会ったことのない世界の人たちのことを知りたい。だから「自分と世界」というテーマを一年かけてやりたいと言いました。なぜ戦争が起こるかとか、自分たちが知らない地球の裏側にいる人だって、むこうから見ればこっちが地球の裏側にいる人なんだとか、それでまたずっと一年やっていくわけです。

その授業で担任の先生がいいこと考えついてくれたんです。大きな紙を渡して、まんなかに「自分」って書きなさいと言う。その周囲にまず、自分の知り合っている人を書きなさい。例えばお父さん、お母さん、おじいちゃん、おばあちゃん。あるいは友だち。次に、自分は直接知らないけれどお父さんが知っている人を書きなさい。例えばお父さんの会社の同僚とか。そうやって線でつなげていくとどこまで行くと思う？　地球上すべてにつながって行くんだよっていう授業を最初の時間にやりました。

じゃあ、すべてつながってる同士なのになんで戦争しちゃうのかね、みたいな話にもなる。で、逆に言うとね、そのやり方で人と人とのつながりを辿っていくと、遠くまでつながっていることがわかると同時に、そのつながりのなかの、より近くにいる人が大事だと思う感情も出てくるんですね。つまり、アメリカやヨーロッパよりも中国や韓国のほうが自分たちはよく知らなきゃいけないし、よく付き合わなきゃいけないっていうふうに思うんです。夏休みに宿題で、みんな自分が調べたい国のことを調べてこいって言って、夏休みが終わって発表会をしたら、欧米を調べた子はほとんどいなかった。

――それは、広い世界のなかに自分がいるということをちゃんと考えると、自然と、なぜ隣をこんなに知らないんだろうということになってきますよね。

寺脇 そう。それでずっと彼らと付き合ってきて、彼らが他者に関心を持つようになってきたので、みんな、知らない人と会いたいか？　って聞いたら、「会いたい！」。ブラジルの子とも会いたいし中国の子とも会いたいだろうけど、その時はそういうわけに行かなかったので、代わりに、日本人だけど、私が連れてきてみんなに会わせたい子がいる。どうだい、って聞いたら、「寺脇先生が言うんだったら会いたい」。

それで、話を聞いてくれ。その子は君たちとまったく同い年のちょうど小学六年生で、ほとんど片手ぐらいしか自由に動かせないくらいの状態で、それから何年おきか身体が大きくなるごとに手術しないと、からだの組織がもたなくなるような厳しい障碍を生きてる子なんだ。それが私の友だちなんだよ。その友だちと会わないか？　と言うと、みんな大賛成してくれました。

それで結局七月と二月と、その一年の間に二回、彼は京都まで行きましたよ。家族とボランティアの学生さんがついてやって来てね。それで子どもたちと交流した。そのときに、もちろん障碍をもっている子のほうは普段と違った面白いことがあってうれしくてしょうがないけれど、こっち側もやっぱりみんなうれしいわけですよ。そういう授業を経てきているから、もう、かわいそうだからやってやってる、とかいう意識じゃないわけですよ。

その障碍のある子が、二階にあるみんなの教室に行こうというとき、男の子たちがダッとみんなで車椅子持って上がっていくわけです。僕たちの教室見てほしいから、見てもらうためにはこれやらなきゃいけないことだから、って言ってやっていくわけだし、それから一緒にゲームしようとかいって、一緒に遊べないと面白くないから、彼でも参加できるいろんなゲームを工夫して、ゲーム大会をやったりしました。

――「どうすれば一緒にできるか」って自分たちで考えるわけですね。

意気込まず、自然に

―寺脇―　そうそう。彼は、知的には普通の小学校六年生とまったく同じなので、いろいろな交流ができました。その体験は健常の子どもたちにとって、「障碍者に会いました」ではない。「友だちと会いました」っていう話なんです。

――それはよく順序立てて、良い出会いを作りましたね。

―寺脇―　だけど実は、そのとき私がやったことというのは、なんの準備もカリキュラムも理論もないんです。だから教育学者や真面目な先生から見たらびっくりする話なわけですよ。指導案も作っていなくて。もちろんそれはよくない面もある。普通はある程度考えてからやるべきかも知れないけれど、もし予めストーリーを作っていたら。その通りにはいかないですよ。

――そうですね。ワークショップ［10］的にやらないと。

――寺脇――その都度その都度、思いつきを活かして、パッといかないといけない。ほんとうは教育には即興的要素というのも必要なのに、日本の教育というのは、それこそ四月から一年間の計画作ったらそれをゆるがせにできないみたいなことをやっていますからね。

――私が大学教員をやっていた時も、それを感じました。ワークショップ的な授業だったのですが、それだと、その場で生じてくることにどう対応するかが勝負ですよね。でもシラバス（授業計画）は書かなければならない。現実に教室で起こっていることと違う、形式上の、それらしいものを作るのに何時間もかかる。

――寺脇――そうそう。私はレジュメ（要点メモ）やシラバスを作らない。その京都の小学校の場合にも、そういう授業をするために私がいるんだから。私がもしプロの教師で、毎日授業をしなければならないんだったら作りますけれどね。ゲストティーチャーが来るっていうのは、ハプニングがどんどん起こっていいわけじゃないですか。

私はいろいろな障碍児の友達がいるけれど、さっきの京都へ行ったクニオくんという子がいて、こないだも彼のことをちょっとサイト上で連載しているエッセイに書いたら、大人たちから大反響だった。これは、障碍をもった子を地域社会のなかでどういうふうに育てていくのかを考えるときに、ときには、みんながあんまり深く考えなくてもいいから、みんなで酒盛りしてるときに、そこらへんに寝っころがしてるぐらいのことがあったっていいんだ、といったことを書いたんですけど。

ケアをやるとなると、意気込んでやらなきゃいけないと思うから億劫《おっくう》になる、もう少し力を抜くときがあってもいいんじゃないか、といった問題提起です。その子はうち（当時文部省）の職員の子どもなのですが、初めて会ったときには彼が小学部一年の時だったのかな。その時は、うちの職員の子なんだけど私はそのお父さんを知らなくて、かつ、その子のことももちろん知らなかった。夏休みに子どもが文部省に見学に来るっていう見学デーをやっているときに、私がちょうどそのときの仕切りで、担当課長だから、朝みんな集まってきたときに、「皆さんこんにちはー」とかいって挨拶する役目だったんです。見たら、一人だけ車椅子で来ている子がいたから、よく来てくれたね、と言った。

そのあとで家族から話を聞いたら、それまで外出するのがすごく怖くて、それこそ人に迷惑がかかる、外出しちゃいけないと思っていて、でもまあ親も勤めてる文部省だから行ってもいいかなと思って、行ってみて、でもいいのかなと思ってるときに、パッと「よく来てくれたね」と言われたというので、それだけでなんか、ずいぶん印象が強かったそうなのですね。

その翌年、たまたま彼のお父さんが私の部下として同じ職場で働くことになったので、それからどんどん仲良くなった。家も近所なものだから、ときどき一緒にご飯食べようって言ったりしてやっているわけですが、私に言わせれば、酒盛りの場にいるっていうことすら障碍を持っている子にはなかなかできなかった。そういう雰囲気があった。健常の子だったら、大人たちが親戚などで酒盛りをしていて、そのへんにいるっていうのは普通のことなんだけど、障碍児には、もちろんいろいろなバリアの問題もあって、なかなかできない。

一年に一回ぐらいしかできないけれど、近所で酒盛りをするわけですよ。ちゃんこ料理屋があって、そこの元力士の経営者がすごくそういうことを喜んでくれて、もうそこの和室を借り切っちゃって、大広間でみんなで飲んでる。介助している家族にだって、そういう場があるって大事なことではないでしょうか。

普段、おばあちゃんとお父さんとお母さんと三人がかりで介助しているのだけれど、やっぱりそういう団欒《だんらん》というか、みんなが力を抜く、それでいておおぜいの大人の目がなんとなく届いていていて安心、という場が必要だと思いましたよ。

そのおばあちゃんは、私とたまたま同郷の鹿児島の方だった。本来はむこうにいたんだけれども、いわば介助のために東京に、自分のそれまでの地縁血縁を離れて、本来鹿児島に住んでいるほうが本人には快適であるにもかかわらず、家族と離れて東京に来てらっしゃるわけです。

そのおばあちゃんが、最初にその酒盛りをしたときに、田舎にいたらこんなことはしょっちゅうやってたのに、東京に出てきたら周りは知らない人ばっかりでもう……「あ、私も鹿児島です」「そうですか。こうしていると田舎で酒盛りやってるようですよ」、とかね。そんなのもあるわけですよ。

なにを相手がよろこぶことかということだって、いろいろあるわけです。それが、障碍児にはこうすべきだとかああすべきだとか、障碍児の味方と称する人たちの一部がおっしゃっていることにも、私は非常につねづね疑問をもってるわけです。

——当事者で、少なくとも「かわいそうだと思ってもらいたい」と思っている人はひとりもいないと思います。

早期英語教育は是か非か？

——世界に想像力を拡げる授業の話もさきほど出てきましたので、語学教育全般についてもお考えを伺いたいのですが、いま、異様に早期英語教育が流行っているんですね。子どもが見るようなテレビ番組を見れば、「三歳児が英語を喋っているようなCMがついてくる。これじゃ、「みんなやっているのか。うちも」となりかねないでしょう。何しろ大きなマーケットだから、そういうコマーシャリズムによる動員が起こっている。ネットの時代にはどうしても英語を使える人が強いっていう現状を見つつも、英語だけでいいのかという話も含んでですね、語学教育の在り方について寺脇さんのイメージをお聞かせ頂けますか？

―寺脇― それはもうまったく他の教育と同じことであって、それぞれのニーズの問題で、全員が英語をやらなきゃいけないっていうのも変だし、小学校では金輪際英語をやっちゃいけないっていうのも変だし、ということでしょう。小学校段階ではね。それこそ個に応じた教育をしていかなきゃいけない話だと思いますよ。むしろ今までの、中学校一年生になったらすべての子どもが学校で英語を学び、中学三年卒業して高校に入っても、すべての子が同じ英語の教育を学んでいく、これのほうが異常だった。そこに問題があって、しかもそんなにしているのに日本人の英語能力が低いわけなんだから、それはどういう構造がまずいのか、考えて変えていく必要があると思いますよ。

――ずっと主要教科として教えられると、あまりできない子で苦手意識を持つ子が増えるんじゃないですか。

―寺脇― 英語能力の高い子も含めて英語が嫌いになる確率が高くなりますね。そういうふうに学校で画一的にやっていくということは。落ちこぼれ吹きこぼれっていう嫌な言葉がありますが、よく落ちこぼれの子だけが困るっていう話になるけれど、本来なら英語をもっと好きになっていた、かつ英語の能力もある子どもも、不満というか、英語に対して魅力を感じなくなるような教育ですよね。

それはなぜかというと、いままで行われてきた中学高校の教育っていうのは、型にはめていく教育だからでしょ。言葉を学びとるっていうのは、実は型にはまることではないわけですよね。むしろ型を作っていく。だって、大黒屋光太夫でもジョン万次郎でも、外国に流れ着いた時に、そんな固定的な教育なんか受けてるわけないじゃないですか。とにかくこの人とのコミュニケーションを作っていかなきゃいけないから工夫してやっていく、という話なわけですよ。

これ実は、徹底的な議論がなされないままにうやむやにされているけれども、二〇〇二年のゆとり教育で目玉のひとつだったのは、私が見るところ、中学校英語でどんな生徒でも三年間に覚えなきゃいけない英語単語が六〇〇語あったのを、全員が必ず覚えなきゃいけないのは一〇〇語にしちゃったことなんです。その一〇〇語だけでは会話は当然通じないわけだから、その一〇〇語プラスαを、自分が必要な言葉を習得して、コミュニケーションを創っていく、というやり方に変えたはずだったんです。

――コミュニケーションの力を見るというのは、これまでの教師のタイプだと、テストしにくいものではありますね。

―寺脇― テストしにくいです、もちろん。

――単語を知っているかどうかという話だったら、穴埋め問題なんかを作るのは簡単ですけれど。

―寺脇― しかし、以前のカリキュラムの下でもですよ、あれは何年前ですか、五、六年前、まだ二〇〇二年以前のカリキュラムのなかでも、大阪府の府立高校の入試問題で、漫画の画だけが描いてあって、これを、なんでもいいから英語を使って、起こっていることを説明しなさい、みたいな問題を出すことはできていたんですよ。あなたの持っている英語的能力でこれだけのことを成し遂げなさい、というふうな問題設定をすれば、その子がどれだけの能力を持っているかは本来は計れるはずなんです。

だけど、そういう評価をするのは面倒くさかったり、面倒くさいだけじゃなしに、これにはもうひとつ曲者《くせもの》があって、国民の側にも問題があって、「それじゃ公平じゃない」とか言い立てる人が出てくるわけなんです。公平を言い立てる人たちがいると、どうしても誰が見ても客観的に見えるような評価方法を採らざるを得ない。そうすると画一的な教育にならざるを得ない。

つまり、個に応じた評価をしてくれっていうことと、公平な評価をしてくれっていう話は矛盾しているわけですよ。それどっちなんですかって国民に聞いているだけの話なんです、私の気持ちとしては。それは二者択一で言っているわけではなくで、両者の兼ね合いを考えて私たちはカリキュラムを作ってるんですから、それを二元論で批判されても困りますということなわけですよ。

東京にしか仕事がなくて、みんな習うのは英語で、いいのか

—寺脇— 特区を設定して、小学校から韓国語も教えましょう、といった案が出てきていて、それがいいとか悪いとかまたいろいろ言っていますが、たとえば対馬の人が韓国語を覚えたくなるのは当たり前の話なわけです。韓国がすぐ海の向こうなんだから。「チング」っていうのは対馬方言でも友達のことで、韓国語でも友達はチングって言うとかいうのは、知られた話ですよね。そういう共通性があるところで、自分たちが日頃話している方言と近い外国語があるという時に、その外国語を習得したいと思う子どもがいる蓋然性は高いわけだし、そういう環境のなかで習得したほうが習得率は高いわけです。

たしかにネットを使うだけなら英語が有利かも知れないけれど、韓国の人とビジネスすると

きには、英語ができる人より韓国語のできる人のようが有利だとかいういろいろな局面を想定していくとするならば、選択肢はたくさん出てきますよね。

それからもともとの議論として、すべての人間に働いてもらわなきゃいけないとすれば、スペシャリストを作っていくっていう考え方にならなければしかたがないんですね。つまり一握りのエリートっていう枠を作っていって、そのエリートは何を習得すべきかといったら、最大公約数として英語でしょうっていう話は出てくるのはわかるけれど、さまざまな能力でみんながそれぞれの場に対応していかなければならないとするならば、前にも言いましたよね、商業高校を出て、博多の売店で売り子をするんだったら、韓国人や中国人の客が来る可能性が高いわけだから、その言葉のできる売り子さんになっていくのがその個人にとってアドバンテージだろうし、稚内で売り子になる人は、ロシア語が少しでもできれば、それは非常に自分にも役立つ話になっていく、そういうことですよね。だからいまの早期英語教育是か非かも、またみんなの好きな二元論が出てきて、またうやむやのうちにぐちゃぐちゃになっていくっていうようなことになりかねないということですね。

——それは東京にしか仕事がないというような世の中でいいのか、という問題とも関連してきますね。

寺脇　その通りですよ。なんかその、二元論のなかで出てくる嘘を突き破っていかなきゃいけない。養老孟司さんの『バカの壁』には、そういうことが書いてあるんじゃないんですか。

――煎じ詰めればそうだと思います。

寺脇　だから、例えば授業は少人数であればいいというような話も、この間教師たちと話していたのですが、ある程度の人数がいたほうが授業はしやすい、教えやすい、数学ですらそうだって言う人たちもいます。あるいは、少人数教育にしたって、無能な教師では大人数でも少人数でもダメだし、有能な教師は少人数でも大人数でも同じ効果を出せるという考えも出てきました。ところがそれが、一人の人間が三〇人見てるのと二〇人見てるのとどっちがいいと思いますか、みたいな何でも二元論でいくと、一見正しい「少人数の方がいい」という話ばっかりになって、いわば議論が硬直してしまう。

「公務員問題」とは？

——教師の能力といえば、話題になっている免許更新制については、私はいい話だと思うんですけど、いかがですか。

寺脇——私もいいと思うし、不思議でならないのは、免許更新制が絶対だめだという根拠がまったくわからないですね。ただイヤだと言ってるとしか思えない。

——既得権と、それが政治的に利用されるっていう言い方になるんでしょうね。実際、日の丸君が代みたいな問題と絡んできたり、また組合潰しのツールとして使われる可能性は、歴史を見ればなくもない。細部に至る議論が必要ですが、「とにかくイヤ」では何も動かない。

寺脇——教員は公務員である以上、本来なら評価がなくちゃいけない。私に言わせれば、簡単な話で、任用システムを普通の公務員と同じシステムにすればいいだけの話ですよ。普通の公務員をやっていたら、例えば私でも、こっちの能力はそれほどでもないがこっちでは使える、ということで異動が行われていく。きちんと公明公正に行われるようにしておけばいいだけの話だと思うんです。

――いまの公立の教員は、一生教員であることを保障されてしまっているんですね。

―寺脇― 思い出すのですが、民間人校長の座談会の司会をさせてもらったことがあるんですね。杉並区立和田中学校の校長としてすばらしい業績をあげていることで有名なリクルートにいた藤原和博さんと、商社の日商岩井から宮城県立石巻工業高校の校長になった倉光恭三さん、それから、京都造形芸術大学の職員から岐阜県の多治見市立脇之島小学校の校長になった山田純二さんの三人です。このときに最初に私は言ったんです、民間人校長ってなにさ、みたいな話。要するに、民間人出身ということで、いい意味でも悪い意味でも特別視されてる。それこそマイノリティとしてやってるわけです。それが、優れた少数者として扱われる人もいるけれども、しばしば、劣等な少数者として学校というもののなかでは扱われてしまうわけですよね。「なんだあんな素人がきやがって」みたいな話で。

でも、これは論理を整理しなきゃいけない。すべての教師は民間人だったわけですよね、教師になる前は。いま学校にいる教師だって、みんな民間人出身じゃないですか。でももちろん違いはある。だからその違いがどこかを明確にしていかなきゃいけない、と言ったんです。

普通は民間人からは直接来られないのに校長というポストに来た人。普通は法的にはなれないわけですよ。従来のルートを踏めば。つまり、サラリーマンが直接校長には絶対なれない。教師にはなれますよ。そこをよく考えなきゃいけない。たとえば銀行員だって、教員採用試験に通りさえすれば教師にはなれる。あるいは公務員として任用してもらえれば教師になれるわけじゃないですか。だけど校長には絶対なれなかったわけですよね。それはなぜかというと、校長は教頭経験者でなくてはいけないし、教頭は教員だった人でなければいけないから。閉じた組織内で順繰りに上がっていくシステムだったんです。

民間人校長と呼ばれる人たちに一番近い種類の人は誰かというと、いまの社会保険庁長官の、損保ジャパンにいた村瀬さんという人とか、あるいは文化庁の河合隼雄長官とか、そういう人なわけです。つまり公務員の世界のトップの管理職に、公務員ではなかった人がいきなり来ちゃうことを、「民間人」は指しているわけなんです。そこをはっきり意識しなくちゃいけない。

公務員ではなかった人がそこに起用されるという問題だということを意識すると、実はこの問題というのは公務員問題だ、と見えてくるわけです。つまり、損保ジャパンの人がなぜ社保庁の長官になったかっていう話をすれば一番わかりやすいけれども、要するに公務員同士でやっていくとうまくいかないから、公務員をコントロールするために民間から管理職を連れて来たっていう話です。「民間人校長」も実はそういうことなんです。

では学校に、どうしてこんなに民間から来なければいけないのか。ほかの分野の公務員で、こんなに民間から入っているケースはない。学校を運営する公務員システムというものに重大な欠陥がある。そしてこのことに国民が非常に不満を持っているということなんですよね。

この間も申し上げましたが、国旗国歌を強制されなければならない子どもは一人もいない。あるいは国旗国歌を強制されなければならない普通の民間人は一人もいないが、公務員は公務員である以上、国旗国歌を尊重する義務を負う。例えば文部科学省では、ある立場にたつと、例えば局長になると、部屋に大きな日章旗を置かなければいけない。これは約束事でそうなっている。そのときに、自分の内心の自由としては、ほんとは国旗があるとすごく不愉快だという気持ちを持っている人がいるかも知れないけれども、だから国旗を置くことををやめさせるとかあるいはそっぽを向くとかいうことは、公務員という役目を果たしていくならばやってはいけないことなんでしょう。

都立高校の先生だってそう。都立高校の先生だったら、国旗国歌は嫌いだとしても、それは立って、歌うべき。だけど頭の中で、こんなの最低なんだよなと思うところまでは当然、それは憲法で保障されている。彼らは、保護者や子どもまで巻き込むからいけない、と言う。でもこれ、全然別の問題です。保護者はなにもする必要ないし、私は立ちませんよっていうことがあったってかまわない。ただ妨害すること、こないだの、OBの先生がビラを撒いたりとかそういうのは問題があるけれども。

――生徒が自分の意思で着席している分にはいいわけですよね。

―寺脇― そこのところがまた複雑な議論になってしまうわけでしょう。好きな先生を守ろうと、立ちたくない生徒たちが立つことがある、とか。

公務員だって、いやだったら拒否する方法が一つあるわけです。退職するという。それをね、退職するっていう選択肢はなんの議論もされないですよね。

――何千人も辞めちゃったらこれは問題だって国旗国歌推進論者も少しは考えるかもしれない。それに辞めずに抵抗する、というのが反対派教員の基本戦術でしょう。それは労働問題でもありますしね。

―寺脇― そこはもう一つ議論が出てくるでしょうね。いい先生がやめちゃった場合ね。つまり辞めてほしくない人が辞めちゃった場合ね。

教員の初任給を下げればいい人が来る？

——寺脇さんのされていることを見ていると、アジアへの愛というものをとても感じるのですが。

寺脇　アジアへの愛……愛、でもないですけどね。今のはもちろん冗談でおっしゃったんでしょうけど、アジア映画への愛とか教育への愛とかね、あります。

　この間も民間人サミットで話題になったのですが、私、民間人校長たちに聞いたんですよ、学校っていう職場で働くようになって一番奇異に感じたことって何ですかって。

　そうしたら、学校現場では、二言目には「子どものために」って言うけれども、それは当たり前のことなんじゃないの、ということ。子どものために、は置いておいて、だからシステムをどうしましょう、どうするべきでしょうかっていう議論をしなきゃいけない時に、つまりあなたなぜそういうやり方をしているんですかって聞いたときに、「子どものためです」っていう答えで成り立ってしまうっていうようなね、その曖昧さなんですよね。そんな決まり言葉に収斂《しゅうれん》してしまうんじゃ、議論にならない。

　ちなみに忘れないうちに格差の問題に関係するから言っておきますけど、実はそのときに、藤原和博さんはこう言うわけですよね。校長になることによって彼の年収は半分になったと。半分になっていくらなのって聞いたら、年収一一〇〇万ぐらいって言って、校長って結構もらってるよねって話したけれど、まあたしかに彼のように仕事を積極的に次々やってきた人からすればそうでしょうね。一一〇〇万で半分になった、というのは。

彼が提案するのは、ひとつは、もし民間人を入れるんだったら、ちゃんと兼職などができるようにしてやらないと、ということでした。来てほしいのですが給料は下がります、他の仕事もできません、でも教育への愛で来て下さいとか、そういうのはリアルじゃないよねっていう話をしました。

でもそれと表裏でこういう気持ちもあって、というのは、石巻工業高校の倉光恭三さんに給料の話を聞いたら、少なくとも三分の二以下にはなりましたね、という話だった。でも続きがあって、給料は三分の二になったけど、それからおつりがくるぐらいの感動と満足がある、と彼は言った。

だから、給料だけの話じゃないという面もあるんですが、だからといってその気持ちの上にあぐらをかいたシステムじゃいけませんよね。教育は崇高なことだからゼニカネのことを言うなっていう言い方で、いままでそこをごまかしてきたけれども。

つまり民間人校長が成り立つかどうかは、現状では満足があるかないかによるわけですよ。感動も満足もない人はたぶんがっかりでしょうね。

でもこの問題を格差論とからめて考えると、別のものも見えてくる。あなたは年収二〇〇〇万で俺は年収五〇〇〇万、とかいう話ばかりが格差論には出てくるけれど、働くことはカネの問題だけではないのではないか。さきほど申したように藤原和博さんなどは収入が半分になった、倉光恭三さんは三分の二以下になったたって、感動と満足で見合えばいいじゃないか、っていう側面もある。

常識の嘘というか、少なくとも現時点においては、教員の待遇をよくすればいい教師がくるというのは間違いです。いまその問題が議論されていますよね。教員が一般の公務員より高い給料水準なので、それを下げろって言って。あれはご存じのように田中角栄首相のときに作った仕組みなんです。あの時代はたしかに、高い給料を出せばいい先生が来たかもしれない。逆に、その前の時代というのは、先生になる能力もあるしやる気もあるのに、そんな給料の安いところでは親や兄弟を養えないみたいな話がずっと続いてきていたんです。

だけれど現在のように豊かな時代には、私はこれ冗談じゃなしに、教員の初任給はむしろ下げればいいとさえ思っているんです。この条件だけどやる、夢と感動でお釣りがくるからやりますっていう人を集めないと、いい教育はできない。

つまり給料を高くすればいい人が来るという発想は、格差社会を言い立てる人の発想と同じ、唯物論なんですよ。だからよく、日本は自民党が運営する社会主義国家だったたって言われているのは、それは田中角栄がいつの間にか唯物論になっていたわけですよね。だけれど少なくとも今日の社会では、私は全然そう思わないんですね。

もちろん現実的には、きめ細やかに考えなきゃいけない。東京の先生と地方の先生をいっしょくたにして、給料安いほうがいいとは私も言わない。東京は物価や住居費の水準が高いとか、あるでしょう。だから、生活できるだけの給料を与えていくっていうカウントをするときに、親と一緒に田舎に住んでいて、親から車買ってもらっているような先生と、田舎から大学に出てきて、東京で自分でアパートを借りて住んでる先生と、そこは考えて差をつけていかないと。それが、現状は全国ほとんど一律水準だっていうのはすごく変。

二十年前に福岡の課長をしているとき多くの教員と付き合いましたが、校長たちはだいたい大邸宅に住んでましたよ。なぜかというと彼らというのは基本的に農家、旧家の長男で、長男であるがゆえに東京に出て行くわけにいかないという背景を持っている場合が多い。地方で力を発揮できる職業っていったら公務員か教員だから。少なくとも当時はそうだった。

――もともと親の代までのストック（資産）があるうえに、高給取りなんですね。

寺脇　そうそう。新任教員研修にいくと、駐車場にすごく高価な車がダーッと並んでいる。初任給では本人たちが買えるわけないような車。これ何、って言ったら、全部親が、よし、教員という手堅い、価値のある仕事に就いて、地元に残ってくれた、ご褒美《ほうび》に買ってあげる。そういう世界でもあるんですよ。

そういう世界で、教員の給料を高くすることによっていい教員が来るなんていうのはフィクションです。もちろん、田舎にいたら生活費に余裕があるとは限らないから、そういう場合は大学生の奨学金と同じで、その安月給では食っていけない教員には特別な手当をしていくっていうやり方を考えるというのがよっぽど合理的です。そうすれば格差を固定することにもなりませんよね？

ただし、だからといって短絡的に日本の教員給与費予算総額を減らすことには反対です。私が言いたいのは新規参入の際に問題となる初任給や転職時給与の問題であって、そこから先は業績に応じてどんどん給与が上がる仕組みを作っていくべきでしょう。先ほどの免許更新制導入などを含めた評価制度をきちんと入れることで違いをつけるために、今まで一律に高い初任給、一律に昇給でやってきたぶんの額を原資に使う。その論理に立てば、むしろ教員給与費予算の増額だって議論できるでしょう。

ウェルカムであってもなくても外国人移民は来る

——日本の地域格差どころか、これからは、世界が日本に入ってくる。外国の人材が移入して来ざるを得ないということに対しては寺脇さんはどういうお考えですか？

―寺脇― それを必然のことだと思うのか、食い止めなきゃいけないことだと思うのかについても、二つの価値観がいませめぎあってるわけですね。食い止めることができるというのは幻想にすぎないと思うけれども、まだそういう排外論が大手を振って通っている状況は非常に心配ですね。

私は食い止められないと思うし、むしろその状況を積極的に活かすことを考えないといけないと思いますよ。ウェルカムな人もあまりウェルカムでない人も受け入れなければいけない状態にどう現実的に対処するのかの議論を今こそ始めなければいけないわけですよ。

私みたいに、個人的にも、よーし外国からよく来てくれた、っていう考え方感じ方の人もいますが、そうじゃない人がいたとしても、それは責められないです。生理的にどうしてもいやだって思っている人たちもいていいんですよ。

この間あるところで、リベラルな考え方の人たちと話していたら、戸塚ヨットスクール事件[11]の戸塚宏はけしからんって言うから、私は、彼は一度犯罪者になったけれども、罪を償って帰って来たんだから、基本的にはこの社会はそれを迎え入れなきゃいけないんじゃないですかって言ったら、いや、出てきても、まだ彼はテレビで、教育は体罰だとか言っている、って。ちょっと待ってくれ、と言いました。

「教育は体罰だ」って言っていることは非合法発言じゃないわけだから、私はもちろんその考えに大反対ですが、彼みたいな人はいてもいい。でも自分は嫌いだから付き合わないとかいうスタンスしかないんじゃないですか、と言いました。彼もこの社会のひとりの成員であるということは認めなきゃいけないわけですよ。だから同じように、外国人なんか大嫌いだ、アジアなんか最低だ、2ちゃんねるで中国のやつらめとかって書いている人たちも、それを理由に排除して行くわけにはいかない。それはそういう人たちが中国人を排除するのと同じ論理だし、法的正当性をもって日本に在留している外国人は、好き嫌いで排除される筋合いじゃないですよね。そこの議論を詰めていかないといけない。

むしろ恐ろしいことに、障碍児の問題でもなんでもそうだけど、障碍児を受け入れるべきだと言っている人は、障碍児を受け入れない人たちをいつか差別する可能性というのを常に秘めている。つまりそれが、柔軟な考え方に基づいたものではなくて、二元論で、こうあるべきだ、外国人を入れるべきだ、障碍者も社会にもっと受容していくべきだっていう考え方の人たちは、それが多数派を占めたときに、障碍者に生理的に対応できないなんていうことを誰かが言ったときに、その人を今度は差別のやり玉に挙げる可能性がありますね。

私の言っているのは、人間の考え方のタイプみたいな話です。いろいろなタイプの人がいる。だから、例えば田舎のおばあちゃんおじいちゃんでこれからの長くない人生で外国人に慣れることができない（逆のタイプの老人ももちろんいるでしょうけれども）っていう人にまでウェルカムって言わせるんじゃなくて、ウェルカムって言わなくてもいいからOKだって言ってくれる仕組みを考えていかなきゃいけないわけですよ。

——教育の場では、多文化共生型があったり、並列型があったり、同化主義があったり、それぞれの国のスタイルにも違いがありますね。どちらかというと少しでも同化させようというようなことを日本はやってきたわけですけれども、これから、どのあたりに落とし所があるとお考えでしょうか。

寺脇　それはそれぞれの国が議論するべきだと思っています。あそこの国がこうやってるから同じようにするっていう議論は、私はほとんど役に立たないと思っているんですね。その社会の、歴史も成り立ちも文化も違う中で、ドイツはこうしてるんだから日本もこうしろって言っても根付かない。

例えば、ドイツはかつて被害を与えた近隣諸国とこういうふうに付き合っているのにどうして日本はできないんだって簡単に言うけれど、ドイツと近隣諸国の関係の歴史と、日本と近隣諸国の関係の歴史が違うわけですから、答えも同じではないでしょう。同じ時期に近隣にひどいことをしたという点では共通しているけれども、ひどいことのやり方も違えばひどいことの根源にある発想も違うわけなのに、今むこうはこうしてるんだからこうしろみたいな話は、もうまったく変だと思う。だから外国人政策だって、アメリカはこうしてるとかドイツはこうしてるとか言うよりも、ちょっと待てよ。日本でどうするのかというオリジナルな議論をしていかなきゃいけない。

――どの国もそれぞれに悩みながらやってきましたね。例えばフランスは、移民を受け入れる国だったわけですが、学校ではイスラムの信仰に基づくスカーフの着用は禁止、という線を出した。近代的市民的な公共の場、というのをセットしましたよね。

日本の場合は、風土としてはごりごりの一神教の土地柄じゃないし、古代からのアジアとの交流の歴史もあるのだから、みんながではないかも知れないですけれども、仲良くなれるんじゃないかという気もするのですが。

寺脇 イメージとして自然にやるとすれば、一六世紀後半の日本ですよね。その時点においては、秀吉の朝鮮侵入も行われていない。つまり日本と近隣諸国や西洋諸国の間に、軍事的緊張もなければ戦争もなかった、という状態です。そのなかで、中国人も朝鮮人も南蛮人もみんな来ていた。キリスト教を宣教する人たちもいた。少なくとも信長の時代、あるいは秀吉の時代の前半ぐらいまで、それで不都合もなくやれていたのではないでしょうか。

――切支丹《キリシタン》弾圧の前ですね。

寺脇 それは南蛮が自らの文化に同化しようという意志とともに入ってきたからそうなった

ので、その時代にだって、中国人や韓国人とは、交流できていたわけじゃないですか。

そういう時代のことを考えれば、国家で分けて考える意識は、うやむやでいい。むしろ日本はうやむやっていう状態を良しとしてきたのではないか。例えばよく古代史で朝鮮半島や中国からの「帰化人」という言葉の使い方をするけれど、いま法的に帰化するって言うのと意味が全然違いますよね。あの当時の帰化人というのは、国籍を変えなければいけなかったわけでもないし、完全に同化しなきゃいけなかったわけでもないと思われますよね。

——外国人を、移民を入れるか入れないのかという議論も、それこそ両極端になっているようですね。原則的に全部入れろっていう考え方の人もいますが、現実に希望している外国人をいっぺんに入れるっていうことは大混乱なしにはあり得ないわけで、コントロールしないと。もし原則的に移民を許可し始めると、それを言ってた人たちが、こんなことになるなら絞れって言い始めるかも知れませんね。

寺脇 そうそう、それはこの間申し上げた障碍児の問題でもそうです。障碍児を学校に入れろと主張していた教員たちが、いざ自分の学校に一人入ってきたら、もういやだ、仕事が増えたなんて言い出すくらいですから、ましてやいっぺんに入ってきた日にはそうなりますよ。だからこそいま議論を深めないと。

外国人移民を大幅に入れざるを得ない状態が、遠くない将来のいつ出現するのかは私も分かりませんが、少なくともその前にある程度の期間、その議論をして、準備を始めないといけないわけだから、議論は今始めないと将来も受け入れられないですよ。

——すぐに考えなきゃいけないのに、多くはアクションを起こしていない。考えるのさえ止めてしまうような発言をする首長もいる。事実のほうが圧倒して行くのかも知れませんけどね。

寺脇 それはすごく危ないやり方ですよね。基本的に日本はまだ鎖国状態に近いわけですから、それを事実が変えて行くっていうやり方はほんとに危険なんです。

ゆとり教育にしなきゃいけないと主張した、実は最大の理由が、そうした将来の日本の変化だと私は思っています、個人的にはね。中教審や臨教審の委員の方々が皆そう思っていたかどうかは別として、ゆとり教育という提言が出てきたときに、この教育システムなら、外国人がたくさん入ってきたときにも、対応できる人間を育てることができるっていうふうに、私は思いました。つまり、こちら、日本人の画一性が強ければ強いほど受け入れにくいわけでしょ。

子どもを犯罪から百％護るのは無理です

——子どもが被害者になるいろいろな事件も起こっているなかで、「学校を（地域・社会に）ひらく」という課題について改めてどう意識されますか？

—寺脇— 早い話が、犯罪は防ぎようがない。ゼロにはできない。実はいじめの問題のときにも、私はよくそれを言っていたんです。「いじめを根絶する」とか嘘ついてちゃいけないと。いじめをなくすことはできませんと。人間である以上必ず出てきます。減らそうとするのは当然だけど、根絶はできない。だから私たちが努力しなきゃいけないのは、いじめがあっても耐えられるような仕組みを作っていく。耐えられるような心を育てていく、ということなんです。とにかく死者だけは出さないようにする。この考え方がなかなかまだ理解されてないですけれどね。

「我が校からいじめをなくします」とかそんなことと同じように子どもたちが危険な目に遭うということを完全に避けることはできません。これはたぶん北朝鮮のようなすごい独裁警察国家であったとしても、不可能だと私は思います。だとするならば、それが起こる蓋然性を下げていくということになります。

そのときに、監視社会を作ったり、塀を高くしたりすることで犯罪が起こる蓋然性を下げるというのはすごくわかりやすい議論なんだけれども、むしろそうしないことによって、別の、一見そうは見えないやり方によって、安全度を高めることができると私は思う。

例えば学校が常に地域に開かれていて、いろんな人が来るような状況の方が犯罪が起こる蓋然性は低くできると思ってます。そういう雰囲気の変化が、社会全体の、犯罪が起こる蓋然性を下げると思うのです。とにかく学校の敷地内で犯罪が起こらないようにするためには学校を要塞化することが一番いいと思うけれども、学校だけそうしたって学校の通学路は否応なしにあるんで、学校以外のトータルなところまで含んで子どもが安全な社会にするためには、学校が開かれていた方がいい。学校を要塞化することは、むしろ犯罪が起こりやすくする方向に働くと私は思いますね。

――実際に子どもを対象とした犯罪の件数が増えているのかどうか、残虐性が増しているのかどうか、学者が研究すればそうではない、となったりするわけですね。それは、過去にもいろいろなマスコミ的議論で起こったことです。

―寺脇― そうですよ。そこの問題があって、要するに、国民側の受け止め方の問題もあるわけですよ。例えば三十年、四十年前の時代だって同じように犯罪はあったはずですけれど、極言すれば仕方がないと思っていたんですよ、その頃は。昔の、少子化じゃないころ、兄弟が全部まともに育ったなんてことのほうが珍しい。それは病気で死ぬ子もいるけれども殺された子も多かったでしょう。事故で死んだ子もいたでしょう。

ところが、病気で死ぬ人はどんどん少なくなってきているし、少子化が進んでいるものだから「子どもの死」というのが目立つようになったんですよね。目立つからもちろんメディアも報道するし、みんなこれは困ったことだと思うけれども、冷静になって考えれば、私はたぶん統計取ってみたって、子どもが変質者に殺される数なんていうのはそんなに変わってないと思います。

――残虐な事件は昔にも非常にあったんですよね。

―寺脇― そうそう。だけどもちろん、いまも起こっているような事件に対処しなくていいなんて言ってるんじゃないですよ。対処法を検討するときに、そのことを見落としてはいけないということです。

――メディアに煽られてしまうところもありますよね。

―寺脇― つまり、殺される人が一人もあっちゃいけない、となったらどうやったって社会をがんじがらめにして行こうということになりますよ。究極的には、個人個人の行動を常に衛星で監視している社会を作れっていうことでしょ。

――というふうにすぐなっちゃうんですよね。人々がバラバラの砂粒のままであるとき、何か恐怖に襲われると、必ず中央権力というものが召喚《しょうかん》される。呼び出され、君臨するわけですよね。そうではなくて、これはなかなか説得が難しいかもしれませんけど、地域的な共同性というのが、中央集権的にではなく安全度を高める。例えば通学路の途中でおじさんに話しかけられても、それが変なおじさんなのか普通のおじさんなのかっていうのが、まわりが見ててもわかるっていう過去には普通だった状態を、取り戻せないものか。

―寺脇― それともう一つはね、内輪の役人同士で話したんだけど、池田小学校事件［12］、あのときの学校側の対応は本当にそれでよかったのかって思える社会じゃなきゃこの国は健全とは言えない。そもそもあの学校のあり方に問題はなかったのか。そこを考えずに亡くなった八人の家族に合計約四億円の賠償金を払ってそれで決着してしまっているけれど、たとえばその額もそれでいいのかどうか、遺族の方々だけでなしに国民全体に納得してもらえるのか、ということです。

つまり、国民からすればその四億はわれわれの税金なんだから学校や役所が勝手に出さないでちゃんと説明しろ、それで納得すればそれでいいけど、その説明がないじゃないかっていうふうに思っていいはずです。また、当時長野県知事だった田中康夫さんが指弾してるのは、あの事件の後、まだ立派に使える校舎を何億もかけて公共事業で建て替えたじゃないですか。忌まわしい思い出を消すためということで。国立大学付属じゃなくて普通の市町村立だったら、そう簡単には行かなかったでしょう。

――文化精神医学者の野田正彰さんもやっぱり批判していました。殺された子どもはもちろん限りなくかわいそうだし、悔しいことだけれど、その背後にあった構造を見なくていいのか。被害児童の親たちは、ほとんどが弁護士、医者とか、力のある人たちですよね。それで犯人の宅間は逆恨みか、あの学校に行ってる子たちに対して怨念を抱いたわけですよね。国立大学付属校を、そういうように思われるような特権的な学校にしてしまった責任はどうなるんだっていうことですよ。

寺脇 それを言えない社会になっているっていうことが怖いんですよ。言えないっていうのは、メディア側が決めてるわけです。イラクで人質になった三人のことは日本中で叩いたわけじゃないですか。好きで勝手に行ってたのにあいつら救出するのにさ、俺たちの税金だろ、ってあのときは多くの人が怒った。

税金を使うという意味では同じじゃないですか。もちろんイラクの場合とは事情が違うけど、自分たちの税金を使うという前提で、どこまで被害者側に配慮するかということをきちんと議論する必要はある。

——あれは教員養成やカリキュラム研究を目的とする大学の付属校でしょう。野田正彰さんは、付属校というのは障碍児も含めていろんな子がいて、子どもたちが共生して学んでいけるにはどうしたらいいか、より良い方法を考える実験校であるはずだ。それなのに、特権の象徴になっちゃってる。そんな学校を作ってきた親やOBの責任はどう考えるんだっていうことを言ってらっしゃいましたね。

—寺脇— だからね、そこで誰が悪者になるかが変わっちゃう。メディアリテラシーの問題になる。まあメディアが良くないんだけど、要するに、亡くなった子どもや家族に遠慮するがゆえに、そこにどれだけ税金を使うべきかの議論は全然なかった。イラクに行った人たちは死ななかったから遠慮もなくて税金を返せ！　とやられたみたいな話なわけですよ。

本来この二つには、公費をどういうふうに、またどれだけ支出するかという意味で同じ部分があるわけなんでしょう。それなのに、メディアに流される形で本質がうやむやになってしまっています。

「塀で囲まれた高級住宅地」が生まれるのか

――いま、いろいろな事件が多いように見えるというのを受けてですね、学校の警備の強化とか、昔は地域に開いていたのが閉じちゃったというのは実例としてはどうなんですか。

寺脇　ああ、地方では開き続けていますよ。東京とか、私学ですよ。警備を強化したとかいうのは。私学はそこでまた学校を売り込むいい機会だし、うちは警備員何人雇ってますとか。

――セコムとか。

寺脇　今すごいでしょ。子どもが何時に着きましたとか、親に自動的に電話連絡が行くっていうのもある。ICタグかなんかがついて、校門をくぐった瞬間に検知する。それから子どもがどこにいるかコンピュータで検索できるとか。それこそそれも二極化してるわけですよ。階層化している。

でもそれを、じゃあ金の力で何重にもガードされたそっちに行けている子どもの方が幸せであるかどうかは、考えた方がいい。一方田舎に行くと、学校に塀もない。お年寄りがそこらへんにいて、ああ子どもがそんな事件に巻き込まれているんだったら俺たちもちょっと気を付けておこう、みたいなことで済ませてるところ。どっちが子どもにとっていい生育環境なのっていうことですよね。

――アメリカ人ほど、深層心理において自分たちが攻撃の対象になりうるということを怯えている人たちはいない、それはアメリカが世界中に対していろんなことを強引にやってきたからだっていう説があります。それと同じで、お金の面で特権を享受している人は、事実上踏み台にしている貧乏人がいるから、いつか恨みを買ってやられるんじゃないかっていう観念が、肥大してくるんでしょうか。

寺脇 そうなのかなあ。肥大してるのもあるかも知れないけど、それなら池田小学校なんか通わせちゃいけないんだよね。もし大金持ちだったら全部車の送迎でやるとか、自宅に先生招いて教授してもらうとか、そこまでやればいい。アメリカの大金持ちならきっとそうするでしょうよ。自宅の敷地のなかに学校作っちゃって、教師を一〇人雇って全部教えさせるとかね。

――世界のあちこちの国、とくに貧富の差が激しい国では、「ゲーテッド・シティ」というのができていますね。高級住宅地が塀で囲まれていて、グルカ兵（ネパール人のイギリス兵。勇猛・有能で知られる）出身の警備員が巡回しているっていう。香港にはあったけど、そのうち日本にもできるんじゃないかな。

寺脇　六本木ヒルズなんかそれの走りみたいな話でしょ。あれはそこまでは塀を巡らしてはいないけど、入り口の警備は有名ですよね。

どっちもよくないんですよ。下層社会だとかって言い立てる人たちも、上層にいる人たちのライフスタイルの選択も。金だけが人生じゃないでしょう。だから「勝ち組」に対しても、友だちになりたくないなと思うだけの話で、なにも総バッシングしなくてもいいんじゃないのっていうふうに思います。

――新聞が取ったアンケートによると、若者の方が、「格差はあって当然」というのにイエスと答える傾向が多いらしいですね。

—寺脇— そう、それをまた上の世代が自分の文脈で読んで、こんなにこいつらは諦めさせられているっていう解釈をしていくじゃないですか。それはあんたの解釈でしょう。想像できる解釈としてたしかにそれがあることは事実だけど、もう一つ考えなきゃいけないのは、格差とかそういうことと、自分の人生の幸せは関係ないと思ってる若者が増えたからだという解釈も成り立つのだけれども、格差反対論者はその解釈はしないよね。自分たちの論理に都合が悪いから。

収入が低くたって満足があるからいいんだと思っている若者がいるかも知れない。つまりそのメディアが若者たちに、どういう質問のしかたをしているのか知らないけれど、収入に格差があることについてどう思いますかって聞いたら、「いやーあるだろうしあったっていいじゃん」とかって言うんじゃないですか。だけど、今日は楽しかったなって三六五日のうち三六五日思っている人と、一日も思えない人っていう差があっていいですかとかいう問いだったら、それはいいとは言わなかったりするんじゃないの。

——そうですね。一日一八時間働いても構わない人だったらそれは給料もよくなるでしょうねっていう話なのかも知れないですね。

—寺脇— そうそう。村上ファンドなんか見ているとと、資金残高が上がっているだけの話で、村上って人は何してるのさみたいな話でしょ。まだホリエモンはきれいな女の人はべらせたり、なんか楽しそうにしてるからなんとなくわかりやすいけど、村上さんなんか元通産官僚だからある種ワーカホリックですよ、たぶん。それどこが幸せなの、みたいな話じゃないですか。

❶療育……難病や障碍を持っていて、ある程度症状が固定している子どもに、リハビリテーションや訓練を行い、よりよい発達を促すこと。療養の意味と、教育の意味を含んでいる。

❷統合教育……障碍児を特異な存在として通常教育から分離せず、健常児と共通の教育を行うという考え方。

❸分離教育……障碍の種類や重さの程度により、特別な場において特別な教育を行うという考え方。詳しくは→清水貞夫、藤本文朗他編『キーワードブック障害児教育—特別支援教育時代の基礎知識』(かもがわ出版、二〇〇五年)、日本特別ニーズ教育学会編『特別支援教育の争点』(文理閣、二〇〇四年)、中村満紀男、荒川智編『障害児教育の歴史』(明石書店、二〇〇三年)、山本和儀編『統合教育の実践』(朱鷺書房、二〇〇二年)など。

❹**特別支援教育**……「障害の程度等に応じ特別の場で指導を行う『特殊教育』から障害のある児童生徒一人一人の教育的ニーズに応じて適切な教育的支援を行う『特別支援教育』への転換を図る」
「特別支援教育とは、従来の特殊教育の対象の障害だけでなく、LD、ADHD、高機能自閉症を含めて障害のある児童生徒の自立や社会参加に向けて、その一人一人の教育的ニーズを把握して、その持てる力を高め、生活や学習上の困難を改善又は克服するために、適切な教育や指導を通じて必要な支援を行うものである」↑文部科学省ホームページより

❺**竹中ナミ**……http://www.prop.or.jp/nami.html

❻**海陽中等教育学校**……二〇〇六年四月、愛知県蒲郡市に開校。英国の名門パブリックスクール、イートン校をモデルにしたとされる中高一貫の全寮制男子校。トヨタ自動車、JR東海、中部電力を中心にした中部財界が設立した。

❼**2ちゃんねる**……国内最大級の、ネット上の匿名掲示板。匿名であるため、スレッド（主題）によっては悪口雑言罵詈誹謗、差別発言や個人攻撃に溢れている。ある面で日本の若い層の本音が現れる場所。

❽**最首悟**……一九三六年生まれ。東大助手として全共闘運動や水俣病問題へ積極的に取り組み、二七年間助手

を務めたまま定年退職。以後は、駿台予備校論文科講師、和光大学人間関係学科教授（環境哲学）など。愛娘が障碍を持って生まれて来たことから、障碍者問題へも深く関わり、現在、「ケア」学を考える者には必須の参照項を提示する人物になっている。著書『星子が居る』（世織書房）など。

❾バリアフリー……障碍をもつ人々ができるだけ自立した生活を営むことができる社会をつくるため、その障壁（バリア）を取り除くという考え方。一般に、物理的バリア（建築、都市環境など）、心理的バリア（意識や態度）、社会的バリア（制度など）という側面が主に議論されている。詳しくは↓小宮三彌他編『障害児発達支援基礎用語辞典』（川島書店、二〇〇二年）など。

❿ワークショップ……「教壇」の「上から教え込む」授業ではなく、意識としては同じ平面で、指導者と参加者が共に学ぶスタイル。しばしば「車座」の形が使われるのが象徴するように、参加者の間に序列はない。指導者はファシリテーター（促進する人）と呼ばれ、状況に応じて議論なりの方向を、隘路に陥らないように「背中を押すように指し示す」。芸術分野で採り入れられるのが早かったが、現在は会議や企業の研修などでも、ワークショップの形式はよく使われている。
その根底にあるのは「エンパワメント（力づけ）」の思想である。

⓫戸塚ヨットスクール事件……戸塚宏校長が一九七六年に開設した戸塚ヨットスクール（愛知県知多郡美浜町）

で、七九年以来五人の訓練生が死亡・行方不明になった。うち四人の死亡などに関し戸塚校長と同スクールのコーチら一五人が起訴され、全員が有罪とされた。詳しくは↓「朝日新聞」九二年一月二八日夕刊一〇頁、九二年七月二七日夕刊一頁、九四年四月一五日夕刊七頁、九六年二月一九日夕刊七頁、九七年三月一三日朝刊二九頁、九七年三月一九日夕刊一四頁、〇二年二月二八日朝刊三五頁、〇二年三月一三日朝刊三八頁、〇二年三月二九日夕刊一一頁など。

⓬ **池田小学校事件**……二〇〇一年六月八日、大阪教育大学附属池田小学校に男が乱入し、児童八人を殺害、児童と教師一五人に重軽傷を負わせた事件。殺人などの罪に問われた宅間守被告（事件当時三七歳）に対し大阪地裁は求刑どおり死刑判決を出した。被告が控訴を取り下げたため一審で死刑が確定され、二〇〇四年九月に刑が執行された。詳しくは↓「朝日新聞」〇一年六月八日夕刊一頁、〇一年六月九日夕刊一頁、〇三年八月二八日夕刊一頁、〇三年八月二九日朝刊三六頁、〇三年九月二七日朝刊一頁、〇四年九月一四日夕刊一頁など。

第4章　格差時代を生きぬく教育

違いがあるのが当たり前、という前提

――成熟社会になれば階層格差があるのは当たり前だということを以前におっしゃいました。もし、寺脇さんが中学校高校の先生だったら、この社会には格差があるということをどういうふうに教えるでしょうか。

寺脇　まず、格差について語る前提として、人間にはすべて違いがあるということを教えたいですね。

男の子と女の子の違い、体が大きい子と小さい子の違い、計算が素早くできる子とできない子の違い――あらゆる違いがあるわけです。格差社会を強調する論者の方々が言う「格差」は、子ども本人に起因するものでなくて、親の収入があるとかないとか、ふた親が揃っているとかいないとか、つまり親に当然違いがある。そのことの被害を君たちは受けているんだよ、という筋道にすぐ、子どもをもっていくわけですね。

私がその前に言いたいのは、例えばAさんとBさんの親の状況、家庭の状況が違うのは当然

だけれど、それ以前に、AさんとBさんそのものが、違う人間でしょうっていう話なんですね。私がもし学校で子どもたちにメッセージを発するとすれば、親や家庭の経済状況がどうのこうの以前に、みんながまず違うでしょ？　やりたいことや得意なものが違ったり、能力、適性が違ったりするわけでしょ？　っていうことですね。

そうすると当然今度は親だって、一個の人間なんだから、A君の親とB君の親には違いがある、という話になる。例えば収入をたくさん得ることが得意な親もいれば、そういうのは苦手だったり、あるいはそういうのは重要ではないと思っている親もいるっていうことだと思うんですよね。

格差社会を強調する言い方は、常に経済的に上と下があるという意識を強めてしまうことがよくないと思います。その前に、人それぞれに違いがある社会なんだ、という当たり前のことを言っていかなきゃいけない。

裏返して考えてみたら、「違いのない社会」というのは、気持ちの悪い社会だし、それはほんとに幸せなんだろうかっていうことも考えていかなきゃいけないですね。だから、まず違いがある、ということを認識してもらう。そして、違いがないっていうのはほんとにいいことなのかどうかっていう話も一緒にしたいですね。それから今度は、違いがあるときに、違いにも、いいものと悪いものがあるだろうね、ということを考える。

だけれどほんとは、現在の、すでに二〇〇二年から行われている教育というのは、そこのところを目指してるはずなんですね。宮台真司〔1〕さんなどがよく言うように、今までの教育というのは、現実に違いがあるのにあたかも違いがないかのようなフィクションを学校のなかで作っていたので、まことに無理があった。みんな同じように東大を目指せるはずだとか、みんな仲良くできるはずだとかそういうことを暗黙の裡《うち》に前提にしていたわけでしょう？　それは虚偽であるわけなんですね。

人それぞれ違いがある、ということは、自分にとってイヤなやつだっているはずなんですよ。ウマが合わない人がいる、という前提に立たないと、ウマが合わない人と折り合っていく知恵を見つけていく、という方向には行かないですよね。「みんな仲良くしなさい」というようなタテマエの言い方のなかではね。そういう教育現場のタテマエ、偽善も、いじめなどの問題の原因のひとつを成していると思います。

もし新聞に格差社会などという文字が踊っていて、「それ先生どういう意味なんですか」って聞かれたときには、まず、いま申し上げたような話をすると思います。まず、「違い」について考えるっていう授業をするでしょうね。

その上で事実を教える

――「それぞれ違う」の、行き過ぎなのではないかという例として、富の偏在がありますね。例えばアメリカの大企業の社長は年俸三億ドルとかいう人がいる一方で、同じ国の中でも、一日数ドルで暮らしている人たちもいると。グローバル化のなかでその二極化が強まっているわけですけれども、その現状についてては、どう教えますか。事実を教えますか？

寺脇――それは当然、事実と教えなくてはいけないですね。ただ、そのときに、アメリカのなかに、年収何億ドルっていう人と一日数ドルで暮らす人がいるということを教えるだけではなくて、世界の規模で、どういうことが起こっているかを教えたいですね。エチオピアの普通の人たちというのは年間一〇〇ドルで暮らしていると言われているわけです。平均国民所得で言うと。

だから、ある国のなか、一つのパッケージのなかで、上と下があるということだけではなしに、世界全体で見てみるとどうなのか、国による国民所得の違いということもきちんと理解してもらわなければいけないと思います。

そうしたら生徒たちはそれぞれに考えるでしょうね。世界全体で見ると、貧しい国の人たちは一日一ドルで暮らしている。ある国の人たちは一日何百ドルで暮らしている。それは理不尽だから爆弾を仕掛けちゃおうみたいなことになるのか。それとも別の解決のあり方――所得の数字を揃えるってことだけじゃなしに——を子どもたちなりに考えるかどうか。それは当然、文化のあり方、生活の楽しみ方の違い、というところにも発展していくでしょう。

——それにしても、国際的に見るなかでの、富のあまりの偏在について、それをグローバリズムのなかでやむなきものとして考えるのか、あるいはなんらかの修正を加えるべきものとして生徒の前に差し出すのか、というところでは？

寺脇 それは、私は、単に収入の格差問題に留まらず、子どもが考えるための情報を与えるべき課題だと思います。それは、日本が開かれた国になるためにまず必要なことだと思うんですよ。

たとえば、アフリカのことまで拡げて考える以前に、アジアの各地から日本に働きにくる人たちが、なぜ中国のスネークヘッド〔2〕みたいなものまで使って入ってくるのかということ。日本で一日働くとそこで本国の価値では一カ月分の給料が貰えるとか、一ヶ月我慢すれば一年分稼げるとか、そういう問題があるわけですよね。そのことについての正しい認識を持っておかないと、なぜ彼らが不法な形も含めて日本に来るのかという理由も理解できないし、スネークヘッドのようなアンダーグラウンドの部分の力が増していくという問題を解決していく必要性というのもわかってこないんですよね。

それから、じゃ、貧しい国の人たち――そこはいろいろ難しいんだけども――一日一ドルの暮らしははたして不幸なだけなのか、とか、そういうことも取り上げてやってみる必要があると思うんです。例えば、こんな授業もあり得ると思うけれど、国民所得の低い国があって、もしそれだけのお金で自分が暮らしてみるとしたらどういう暮らしになるのだろうということを、考えてみるとか。一日の食費がこれだけだったらどれぐらいのものを食べられるだろうとかね。要するに数字だけで格差が見えているところを、実感として見えるように試みてみる。

それから、所得が低いところは当然物価も安いということも教えていかなければいけないですね。国が違うと物価が違って、例えば日本円で一〇〇円あれば一日食べていけるだけのものが十分すぎるほど手に入る国もあるとかね、そういう経済のしくみをまずわかってもらわなければいけない。そういう話を全部抜きにしといて、結果として格差があるぞ、こんなに違いがあるぞという言い方は、現実によりよい世界をもたらすための考え方にはつながりにくいですね。抽象的な数字の話だけで終わってしまって、その中で生きるそれぞれの人間についてどうなのか、という現実が抜けてしまう。

たとえばアフリカのある国の人たちが、一日一ドルで暮らしているというのはどんな感じなのか。そのなかで彼らはどういうことに生きがいを見出しているのか。文化や信仰といったものがどれだけ彼らを支えているか。あるいは彼らの幸福感や人生観というのは日本の一般人とはまた別のところにあるのかも知れないとか、そういうことをきちんと考えてみる。これはもう総合的学習の最もいい教材なわけですね。

——なるほど。○×式で答えが出ないことですしね。

一寺脇一　そうそうそう。貧しい国から来ている留学生や労働者の人たちはいまや日本にいっぱい、まわりにもいるわけですから、そういう人たちに来てもらって、国ではどんな暮らしをしているのか話してもらうのもいい。

それから、これは子どもたちに調べてもらうと面白いと思うけれど、ブータンという国がありますよね。ブータンの国民所得はものすごく低い。GNP（国民総生産）の数字で見れば、とにかく貧しい国です。ところが彼らはそこだけでは終わらない。グロスナショナルハピネス（GNH）という考え方を国王が提唱して、グロスナショナルハピネス、国民の幸せ度が高い国になろうじゃないかと言っている。ブータンの人たちの、例えば写真を子どもたちと見たりすることのなかで、はたしてこれは、お金が少ないから単純に不幸なのか、という問題を考えてみるといいですね。

ブータンのように国を挙げて「幸せとは何か」と問うているところがあり、一方アメリカや日本のように、何でも金だって言っているところがあるということも知っていかなきゃいけない。そういうふうに重層的に物事を考えて行くように子どもたちをリードしていかないと、と思います。
それからもう一つ具体的には、これまた「生きる力」の問題になってくるけれども、豊かと言われる日本の社会のなかでも家庭の条件にはいろいろ違いがあるわけで、親が非常に低収入な状態にあるときに、じゃ自分には道がないのかっていうことについても学習してもらわなきゃいけない。ただ漠然と金がないといい大学へいけないとかいうことが言われてるけれども、本当にそうなのかっていう問題ですよね。

情報へのアクセスを自ら行う習慣

――社会にセイフティネットを張る話で、寺脇さんは、家に本やコンピュータがなくても、その気になれば図書館などでちゃんと情報にアクセスできるように考えて行政をやっているんだということをおっしゃいましたが、しかしそれが意外に周知されていないという現状もありますね。

―寺脇― このごろは、子どもが犠牲になるいろいろな事件が報道されていますね。このあいだも広島の小学校の現場に行ってみたら、地域安全マップのようなものを子どもたちはものすごく緻密《ちみつ》に作ってるんですよ。どこどこにちょっと危険な暗がりがあるとか、調べてきている。とてもいい取り組みだと思いました。警察に守ってもらうだけではなくて、自分たちで意識して安全マップを作る。

同じように、自分たちで学習マップを作る、ということもできると思うんです。たしかに、情報へのアクセス法が伝わりきれていないのは、情報を伝える側にももちろん問題があるけれども、情報というのは常に受け身で待っているものなのか、自分で探していくものなのか、という基本認識の問題がありますよね。

例えば、大きな書店で、自由に座り読みさせる店があるじゃないですか。ああいう情報というのは、なかなか知る人ぞ知る、で、基本的にはそこに行かないと気づかないですよね。そういった、座り読みOKの本屋もあるよとか、図書館にパソコンの端末があって自由に使えるよ、とか、ここに行くとこんなのがある、っていう情報を子どもたちが共有していくことが必要ですね。

社会全体では、ネットなどを利用して、情報のありかがどんどん知られていくべきだと思うけれど、子どもたちも、やっぱり自分で調べることによって、ああこういう勉強や調べものの手段もあるのか、と気が付いていく、ということがあると思います。

実際、生涯学習ということを言いだしてから、各自治体も、図書館、博物館、公民館などの公共施設をひとにぎりの住民だけでなくすべての人々が活用できる場にしようとしてきています。たとえば図書館は、夜間や週末には開かれていなかったり、子どもは入れなかったりといった制約がありましたが、それはどんどんなくなってきています。調べ物をする人とか図書館の利用法に通じた詳しい人だけが活用できる状態から、誰でもが気軽に入って本を読んだり借りたり、DVD、ビデオ、インターネットなどを無料で使える場になってきています。そこでは、誰でもが、所得の多寡と関係なく、いくらでも学習できるわけなんですね。

この間、北海道の帯広へ行ったのですが、駅前のいちばん便利な場所に真新しい大きな図書館［3］がありました。大人も子どもも、朝十時から夜八時（週末と休日は六時）まで自由に入って本が読めます。なにしろ、屋外のベランダまで含めてあらゆる場所に七五〇もの席が用意されていて、莫大な数の開架図書や雑誌をゆっくり閲覧できるのです。貸し出しは、本なら一〇冊まで、CDやDVDなら三点まで二週間借りられます。人口一七万人余りの市で、毎月五万人が利用するそうです。

——ゆとり教育、総合学習を進めながら、政策は、階層や所得差が明らかに意識されてくる時代まで見越していたことになるわけですね。

寺脇 見越していたというか、そもそも「違い」がゆとり教育的なものの大きなテーマですから。違いの一つとして、収入の違いもあるわけです。だから私が教師だったら、小学生ぐらいからやりますよね、「ちがい」っていう言葉を模造紙にばーっと書いて、なにとなにが違うって全部言ってみようって言って、それを書いていく。男と女、メガネをかけている人とかけていない人、健康な人と不健康な人。お金のある人とない人なんてのも当然出てくる。全てに、「違い」はあるわけですよね。

それこそ、先日の話じゃないけれど、障碍を持ってる人が必ず不幸で、障碍を持っていない人は必ず幸せかとは言えないが、障碍を持っている人と持っていない人に違いがあるということは明白なわけですよね。必要なことやものも異なってくる。そこのところをわかっていってもらわなきゃいけない。

違いはとにかくものすごくたくさんあるけれども、その違いが、幸か不幸かを絶対的に分けるものである場合なんかこのなかにあるんだろうか、みたいな授業になると思いますよ。

――そうですね。以前には、みせかけの平等主義で、まるでみんなに違いがないかのような教育をしていたとすると、実際に違いがあるなかで、例えばある人の家が経済的に難しいことになったときに、自力更正していくための情報源を教えることもできないわけですよね。

一寺脇一 そうです。

――違いがあるということを明らかにしたうえで、そのなかで、まあ貧しくても楽しく暮らせている人もいるだろうし、金をより多く儲けること以外に人生の選択肢を広げるという教育になりますね。もし自分が多くの人とは違う道を行きたい場合には、そうするための情報へのアクセスの仕方、志の持続のあり方といったことを、ヒントだけでも教えていくということですね。

寺脇――そうなんですね。そのためにも、教える人が教師という単一の存在じゃいけないわけですよ。

私は以前から言っているのですが、教師は素晴らしい商売だけれど、教師は教師の人生しか子どもに教えられないんです。しかも、教師の世界はこの社会の中で一番格差がない。なにしろ、仕事の成果さえ収入に反映しない、最も旧態依然とした公務員制度なのですから。現実の社会にある格差を実感しにくいに決まっています。

教師は、自分の姿によって教師の仕事しか教えられないんですから、どうすればいいかというと、子どもたちにできるだけいろんな大人たちと触れあう機会を作っていくのがいいと思うんです。年齢によってはそれは就業体験であってみたり、あるいは学校のなかにいろんな、教師ではない指導者が入ってくることであったり、あるいはもっと言うなら、学校五日制［5］

にすることによって、土曜日曜に子どもをフリーの立場に置いておいて、学校の先生以外の大人と付き合える時間的余裕を与えていくということであってみたりする。

給料減ったけど不幸ではありません

――ブータンの楽しそうな人たちの写真を見ることによって、幸せがお金ばかりじゃない、と相対化するきっかけになる子もいるでしょうし、いろんな大人に触れることによっても、価値観の相対化は起こるでしょうね。

ただ、今、メディアがというより国民そのものがなんでしょうけど、やっぱりお金がなければどうにもならない、という方向にかなり煽られた状態になっています。

なかには気がついて、あるいは環境に恵まれて、違うライフスタイルを創造的に作り出していこうという人もいますが、消費社会、消費至上主義の勢いの強さっていうのはこれは企業社会だからある程度しょうがないにしても、あると思うのです。消費をたくさんするのがよいことであるというような感覚から子どもたちを少し自由にするためには、どんなことが考えられるでしょう。

―寺脇― いろんな面白いやり方があると思いますけれど、一つのやり方として、阿部進さん（通称カバゴン）っていう昔から子どもと教育の研究をしておられる方の「駄菓子屋学校」という実践があるんですね。むしろ買い物を子どもにさせちゃおうと。駄菓子を、つまり一〇円で買えるぐらいのものの買い物をする喜びを与えていこうというものです。

外に出てコンビニエンスストアに行っても、だいたい一〇〇円以上のものしか売っていない。だから、駄菓子を仕入れてきちゃって、駄菓子屋で昔売ってたような他愛のないおもちゃなども集めてきて、子どもには一〇〇円なら一〇〇円渡しておいて、これだけしか使っちゃいけないっていうことのなかで、一〇〇円で一〇円のものを一〇個買うのか、三〇円のものを一個買って一〇円のものを何個買うのかっていうことを考えていく。

つまりそのなかで、当然そこにある駄菓子とかおもちゃの類《たぐい》のなかで、自分にとって役に立たないものを買ってもしょうがない、嫌いなものを買ってもしょうがないということを自然に学んでいく。その「駄菓子屋学校」をやってみて子どもたちが異口同音に言うのは、一〇円でこんないいものが買えるとは思わなかったと。つまり一万円だったらデパートででも何でもいいものが買えるだろうというのはわかっているんだけど、一〇円で自分にとっていいものが買えるなんて発想は今の子どもには全然ないわけで、より値段の高いものイコールよりよいものだという考え方があるということですよね。

あるいはもっと文学的なものでは、触れるものが全部金に変わってしまって、愛も何も得られなくなってしまったミダス王の話なんかをしていけば子どもはわかるんで、生活が全部金まみれになっちゃったらそれ本当に幸せなのかという話でしょう？　お金がありさえすればいいというのは基本的には大人の発想ですから。子どもがアプリオリ（先験的）にそういう発想を持つというのはあり得ないことですよね。つまり赤ん坊が世界に興味を持つ時に、値段の高いものに手を伸ばすわけじゃないですから。

――そうするとほんとに、大人の意識が変わっていくことが必要ですね。

寺脇――まあね、私自身、この四月に文化庁文化部長から文部科学省大臣官房広報調整官に異動になったときに、部長級から課長級への「降格人事」という格好になっているから大幅な減収なわけですよね。私以外にこういうことを公務員で体験した人はいないと思います。悪いことをして減給処分された人以外にはね。もともと多く頂いていたせいもありますが、三分の一近い降給になってるわけです。

――それは大きいですね。

寺脇――いわゆる減給三分の一。公務員が懲戒を受けるときに、減給処分とかありますが、あんなのはだいたい、減給一〇分の一、六ヶ月とか一年とかなんですよ。つまり十分の一でも罰になるほどの事柄であるのにね、私の場合、月収にして三分の一カットなわけですね。じゃ私は不幸なのかっていうと、そりゃもちろんもともとが高いから、三分の二になっても月に六〇万もらえればいいじゃないかというのは言われちゃいそうですけど、具体的な話でした方がいいから申し上げると、別に不幸じゃない。ものを買ったりお金を使うときの自由度が減っただけです。

だけど今みんなが議論してるのはそういう議論じゃないですよね。相対的に上か下かっていう議論をしているわけだから。例えば今ホリエモンとか村上ファンドに対して恨みや文句を言っている人（このインタビューが行われたのは彼らの逮捕以前）は、最下層の人が言っているんじゃなくて、かなり上層の人たちじゃないんですか？　最下層の人たちは小泉さんを支持して、ホリエモンを英雄視しているとかいわれるけれど、それって、あまりにも離れちゃってるからいいやと思っているのかもしれない。むしろ、中の上みたいな人で、俺だって東大出てるのにどうしてあれだけ稼げないんだみたいな感覚じゃないですか？

――つまりある程度上の階層にいる人は、より多く収入を得ようという志向の人である蓋然性が高いっていうことですよね。

—寺脇—そうそうそう。このあいだ申し上げましたっけ、民間人が校長になると収入が激減するという話。

——少しうかがいました。

—寺脇—そのときに、収入は減ったけど感動をもらったからいい、っていう人もいるし、やっぱり藤原和博さんなんかはその点についてはどうしても釈然としないと思いつつやってるんだと思うしね。まあそういう、仕事の満足度とあるべき報酬のバランスの問題ですよね。

学説を検討できるリテラシーを

——そればかりではなく、いま一番低い層、正社員からはじかれちゃっている層は、生活上の心配というのが現実にあるのだろうと思います。例えば、子どもを生んで育てられるのかとか。住宅ローンなどですでに支出が固定されているとそれは危機ですが、多くの場合は、育てられるんだと思いますけどね、実は。

―寺脇―実は育てられるんですけどね。そのメッセージがあまりにも出ていないんですよ。ひとつ問題なのは、行政の側というか社会の多数の側がね、フリーターとかニートはよくないと思ってるから、それでも子どもは生んでも育てられるんだよという情報を流してしまうと、そこから脱出しないんじゃないかと思うわけです。つまりちゃんと定職を持たないと結婚もできないし子どもも生めないよって言えば、そこから脱する努力をするだろうと。

つまりそれは、フリーター、ニートから脱しようと思えば全員脱することができるはずだと世間の多くが思ってるからなんですよ。そこが分かれ目ですよね。たぶん小泉総理（当時）みたいな人は、脱しようと思えばみんな脱せるはずじゃないかと言い切ると思うけれども、でも脱しようと思っても脱せられない人がいるんだという前提に立つならば、それでも結婚できるし子どもは生めるんだよというメッセージを出してやらなければいけないですよね。

――社会保障の手厚い国ではすでにそうなっていますものね。失業手当でずっと暮らしていったほうが楽だと考える人たちがいるということを、フランスなどの例として聞きますけれど。だからモラルハザード（倫理観の危機）だと騒ぐ人もいて、まあ聞こえてくることには誇張があるのかも知れませんが。

―寺脇―そこのところの問題というのは、結局ニートがいいのか悪いのかっていう問題とも関係してくる話なんだけども、私はどっちにもつかないんです。ニート擁護論の人たちも極端で、みんな実は働きたいのにそれが社会的な理由で職業人になれないんだって、それも嘘だろうと思うし、逆の人たちが、単にやる気がないからダメなんだっていうのも嘘で、たぶんニートのなかにも違いがあるんですよね。

昔から私、ひきこもりの場合でも、学校に行かなくていいんだよ、ひきこもってていいんだよっていうメッセージを出さなきゃいけない局面と、今行ったほうがいいよというメッセージを出さなきゃいけない局面があるんだから、一概に学校に行けと言っちゃいけないとか、行かなくてもいいと言っちゃいけないとか、それこそ二分法が危ないと言ってきました。それでね、しかも今みたいに少子化になっていて、例えばある子どもがひきこもりになっちゃったり、ある人がニートになっちゃったりしたときに、そのことについて考える、親なり親戚なり近所の人なりっていう大人の頭数は多いわけだから、みんなでもっとケースバイケースで議論しないといかんだろうという話なんですよ。

昔みたいに子どもがわんさかいて国は貧しくって、産めよ殖やせよ、撃ちてし止まんとか言ってるようなときは、それこそ白か黒かというやり方で、働かないやつはダメだみたいな言い方でよかったんだろうけど、今のような少子化の時代こそ、子ども一人一人のことをケースバイケースで考えていかなきゃいけない。小さい子どもだけじゃなしに、少年、青年も含めてね。ところがやっぱりまだ今の行政の対応を含めた、例えばニート対策やひきこもり対策みたいなことはケースバイケースっていう考え方に立ちきれてないですよね。だから結局、ひきこもり支援のＮＰＯが人を殺してしまうような悲劇を生んでしまうわけですね。

――概念化してしまいますからね、言論は。ニートにしても、いち早く日本にその言葉を紹介した玄田有史さんは、「心の問題」として概念化して、それ以来「ニートが何十万人」とかいろんなところからいろんな数字が出ましたが、それってそもそも数えられるものなのでしょうか？　その後『「ニート」って言うな！』という、一気に蔓延したニートという用語・概念を批判した本が出て、無業者の増加は就業支援とか社会政策の問題でもあるのに、それがニートたちの心の問題にすりかえられている、と主張され、社会学者たちの間ではその議論には決着がついた感じです。まあ、両極端なんですけどね。「ニート」問題は、実態のはっきりしない幻の概念を追って政策まで動いちゃってるようなところがありますね。

寺脇――このあいだ東大の公共政策大学院で学生と前後五時間くらい話したんですが、そのなかで私が言ったことの一つは――そのときはゆとり教育論争についての話でしたが――学者はいろいろ言っているけど学者ってそんなもんだと、限定して考えれば？　ということです。メディアリテラシーというのもあるけれど、なんていったらいいんでしょう、学説リテラシーのようなものが必要なんですね。つまり、例えば玄田さんの言うことも一つの学説なんだ。学説というのはある意味結論を出さないと学説にならない。だから現実の多様性を反映するよりは、ある一面を切り取った形になってしまう場合が多い。こんなのもあればこんなのもありますっていう論文で通るはずないんですね。研究者ってそういうものなんですよ。

だから例えば、早期英語教育は絶対やったほうがいいという学者と、英語教育はやらないほうがいいっていう学者がいて、意見は必ず割れる。学者の言説リテラシーみたいなことを賢く国民が選びとっていかなきゃいけない。それ以前に、行政官たち――審議会や行政研修に学者に来て頂くことが多いですから――こそそれを利口に選びとらないと大変なことになっちゃうと。

私はいま、ニートの問題もそうだしゆとり教育の問題もそうだし、あるいは社会保障の問題もそうだけれど、学者が矩《のり》を外れていると思ってるんですよね。例えば公務員の矩というのは、自分が天下国家を動かしてるなんて勘違いしちゃったらそれは矩を越えている。決定権は国民、それから国民の代表である議会にある。役人の矩を越えないというのは、そのなかで、自分にある程度与えられた部分についての判断はするけれども、最終的に、白にしますか黒にしますかっていうのは国民に聞かなきゃいけない立場だっていう意味です。

いま、しばしば学者も矩を越えていると思うんですよね。学者というのは一つの学説の提示をするべき立場の人ですが、それがエスカレートして、だから政府は政策を変えるべきだというようなところまでいってしまう。そうしないとあなたの子どもはこうなる、とか言ってしまう。川島隆太（医学者・脳機能の研究者。「脳を鍛えるゲームソフト」などの開発にも関わる）さんのような人がいて、川島さんが脳の研究をなさるのは結構だけども、その学説が一人歩きしてマスコミの中でエスカレートして脳年齢が若くないとたいへんなことになるんだと勘違いされたりする。

そうした人たちが、評論や随筆で言うならともかく、学説を根拠にこの本を読んだら子どもの頭がよくなるんですよみたいなことまで言うようになるとか、あなたの脳年齢は何歳ですっていうようなことまで言うようになるっていうのは、矩を越えていると私は思ってるんです。実は。

——自己プロモーションをしすぎちゃってるんですね。

寺脇 そうそう。もちろん昔も矩を越えた人たちがいて、東京帝国大学の歴史学教授の皇国史観の平泉澄《すめり》なんていう人たちは学者の矩を越えて右翼運動のひとつの中心になった。学者が矩を越えることの怖さというのは過去にわかってるはずじゃないですか。

社会科学系のことについては、過去のそういうこともあったから、割とみんな自制的にもなってるし社会も用心してるけど、自然科学系的なことには弱い。脳がなんとかとか言われるとみんなクラクラッといっちゃうとかね、あるでしょう。あるいはそれらしき数値なんかが出ると、ますますね。

東大大学院にいる、教育社会学者の苅谷剛彦さんなどは、すぐに「データで示せ」ということを言う。苅谷さんのはデータで教育を数量化する社会学で結構。でも、だから教育政策も親の教育方針もデータで考えろというのはむちゃくちゃな話じゃないのかと。

文化までが商品化されている

――さきほどの、実は子どもは生めるという話に似た話ですが、下層だとか貧しいとかいってもですね、食えないわけではないですよね。多くの人が飢餓感を感じさせられているのは、娯楽とか消費欲とか、そういう掻き立てられた部分が多いと思うのです。一五〇〇万円のベンツが買えないのでつらい、とか三〇〇〇万円のフェラーリがうらやましい、とかね。それは大衆の消費欲を極限まで掻き立てている社会においてしか、あり得ない感情でしょう。

それから、生活のなかで芸術を楽しむとか、日々の娯楽の部分が、あまりに大メディアに吸い取られすぎてしまって、したがって娯楽は「買うもの」になってしまっている。若者が何百万人も、同じヒットソングをCDや配信で買って聴いている。若者の文化が商品に占拠されている状況です。

ほんとうは自分たちで演奏したり、うまくなくてもオリジナルの歌を作るといった楽しみももっとあるはずです。やっている人たちは少数ながらいますけれども。ご近所の歌みたいなものがあってもいいし、我が家の歌、私の歌があってもいい。いまの人は、消費文化の中で、自ら楽しむ力、娯楽を造り出す力が非常に減少しているというふうに思うんです。例えば江戸時代の町人は、もっと自ら楽しみを造り出していたでしょう。

―寺脇―そうです。楽しみをつくる力は明らかに減少してますよ。というのは、私の子ども時代って四十年ぐらい前ですけれども、私はゲームは全部自分で作ってた。それは一円もお金がかからないわけですよ。サイコロひとつあれば。いまコンピュータゲームにある、野球ゲームみたいなものを自分で作ってました。一人一人のバッターの能力値みたいなものを決めて、それはサイコロの数値の修正でやればいいんだ、とか考えて。そういうことをやっていたのはもちろん私だけじゃない。みんなそれぞれやっていたんです。

今から五十年ぐらい前に、私の近所の、中学を卒業したら働きにいくお兄ちゃんたちが作った野球ゲームっていうのは、すごい野球ゲームだったとあとで思ったんですね。なぜかっていうと、そのあとにエポック社の野球盤っていうのが発売された。それこそあの時代に三〇〇〇円ぐらいもするもので、すごく高級なものだった。私が小学校一、二年生ぐらいのときに発売されて、私もやっと買ってもらって見てみたら、あのお兄ちゃんたちがやってたのとまったく同じゃないかと気が付いた。彼らは、あの頃、土に穴掘って、それが野球盤のボールをとらえるお皿の役割になっていて、ビー玉をボールにして、ピッチャーがビー玉を弾いて投げて、バッターがそれを、木の小さな棒でポンと打ってどこにはまるのか、あんまり強く打ちすぎて外に出たらアウトだ、っていうふうにやっていた。その仕組みはあとで製品として売り出された野球盤と全く同じだったんです。

——私の子どもの頃も、おもちゃは買うものじゃなくて作るものだって思ってましたよ。昭和三〜四〇年代の東京の下町ですが。

寺脇——そう。でも、「だから今の子どもはダメなんだ」じゃないわけですよ。彼らに、そういうふうに考えて遊び道具を作るチャンスを与えず、間断なく市販のおもちゃを与え続けている状態があるからなんだと思うんですね。

格差社会の弊害を強調する人たちが調べているなら聞きたいけれど、豊かな家の子どもは、「シックスポケッツ」なんかでおもちゃを与えるから自分で考えようがないでしょう。貧しいところの子どもは、格差社会論者たちの論によればおもちゃも買ってもらえない立場だ、どうしてくれるんだって言うんだろうけど、その子たちに、おもちゃ買わなくてもこんなに面白いものがあるって教える努力をどうしてしないんだっていう議論はなぜしないんでしょうかね。

――寺脇さんがもし先生だとして、あまりお金のない子に、いろんな楽しみ方があるよ、と教えてエンパワー（力づける）することは、もしかしたら大量消費社会の反対を向くことになると思うのですが、今の大量消費社会は行きすぎという認識をお持ちですか。

寺脇　それは明らかに行きすぎているでしょう。空恐ろしくなる感覚がしますよ。その感覚というのは、日本国内で考えちゃだめですよ。アフリカで貧しく暮らしている人もいるのに、俺たちこういうことしてる、という空恐ろしさを感じないと。日本社会のなかの一番底辺見てたって空恐ろしくなんかなりませんよ。

いまアフリカで子どもがバンバン死んでることなんかを、日本の子どもに今まで教えてこなかったのは、そのことで子どもたちが傷つくといけないとか、また馬鹿なことを考えるわけじゃないですか。もちろんそれは成長段階があるから、あんまり小学校低学年段階からそこまで言うかどうかは別として、中学高校ぐらいになれば、世界中で飢えや不衛生や紛争のために人がばかばか死んでいるということは、知らなきゃいけない。そのときに、子どもが、じゃ僕今日ご飯食べないからこれ持って行って、と考えるとして、そういう問題じゃないんだということも理解してもらえるようにもっていかないといけないわけですよね。

私が中学校の一年生のとき担任が、最初のホームルームで言ったのですが、私は受験有名校みたいなところに入ってたから、お前たちは合格して入っておめでとう、合格したからここに座っているわけだな、合格して座っておめでとうさんだけどさ、落ちたやつが君らの何倍かいるわけだよな、落ちたやつのことはどう思うんだと言ったんです。

その時点ではしょうがないね、試験があって僕ら通ったんだから、と思いますよね。するとその先生は、じゃまた今度、大学入試のときもお前たちそういうふうに思うわけだよな。大学入試なんか、一人が通れば一人が落ちるわけだから、一人が落ちるときに、ほんとに家が貧しくてこれ一回限りのチャンスしかなくて、今日の試験に落ちたら大学進学を断念しなきゃいけないっていう人がいるかも知れないじゃないか。それがいて、その人が、合格ラインのすぐ下にいたときに、お前が入学辞退したらこの人は入れるというときに、どうするんだ、みたいなことを言う。これは、エリート気取りを諌《いさ》めるために意図的に言われたんだと思うんですけどね。

さらに彼はエスカレートしていって、救命ボートがあって、一人そこからあぶれるときにどうすんだみたいなことを言うわけですよね。中学一年生だからみんな困っちゃうわけですね。

私もまあその場では答えは出なかったけれど、そのことはずっと考えなきゃいけないことだと思って考えるわけですよね。考えてその結果、じゃあ自分が海に飛び込んで身代わりになってこの人を助けるっていうのが正解なのか、いやそうではないんじゃないのか、というふうに考えていくときに、仮に幸運にして自分が「ボート」に乗れて、乗れない人があったときに、自分がそのことをすっかり忘れて贅沢三昧《ぜいたくざんまい》してもいいのかっていう問題が出てきますね。そこで自分がとらなければいけない自制心。仮にお金があったとしても、仮に権力があったとしても持たなければいけない自制心があるっていう問題でしょう。

それと同じように、アフリカでミルクが買えずに飢え死にしていく子がいる、難民キャンプで死んでいく子がいる、そうじゃない自分たちがいるときに、じゃ私もアフリカの子と同じものしか食べませんっていうようなことではないだろうと。しっかり食べて育って、じゃあそのあとに何をやるのかっていう問題ですよね。その問いかけっていうのは、今の私の言ったケースは受験校でそういうことを言われたわけだけど、受験校でなくてもそういう問いかけはできるはずなんですよね。

どうせなら、「公共」を考える金持ちに

――お金を稼げる人になったとしても、自分のための消費に節度がある人になるわけですよね。このぶんは別に取り分けて、社会的に役立つことのために使おうとか。アメリカなどは不当に金持ちがいますが、一方で寄付が根付いた社会ですから、財産家は大抵寄付行為はしますよね。

カーネギーホールやカーネギー・メロン大学などをつくった鉄道王のアンドリュー・カーネギーとか、いまで言えばビル・ゲイツとか。

寺脇　まあ私はそうなったことないから、お前なったらそうしないよって言われればそれまでだけど、いま、月収が三分の二になっても平気でいるんだとするならば、今度仮に逆に三倍になったとしたときに、それを使いまくろうと思うよりも、え、これ、ここまで自分のためだけに使わなくてもいいいんだけどな、というふうに考えるんじゃないかなと思うんですけどね。

――多様な生き方があるということに目を開かせるなかで、なんとかお金がすべてだというような風潮に対抗できるようなものを子どものなかに作っていかないといけませんね。カネの魅力には物凄いものがありますから。

寺脇　さきほどお話しした阿部進さんの「駄菓子屋学校」でも、買い物のための一〇〇円というお金を、親からもらう子もいるけど、もらえない子には、そこでお手伝いしてください、と言うんですね。駄菓子屋の方には、当然売り子もいなきゃいけないし、その手伝いをこれだけやったらその分の一〇〇円を払うから、っていう話。そういうことを経験した子は、自分で稼いだお金で生きるっていう経験を、非常に小さい規模でだけどできるわけですね。つまりお金っていうものの意味がよくわかる。

私がもし教師だったら子どもたちに教えたい話があるんです。小学生のときに読んで、忘れられなくていまだに時々思うのですが、鎌倉武士の青砥藤綱の話。

青砥藤綱が、夜、馬で走っているときに、お金を落としてしまった。大した金額じゃないんですが、沼のなかに落ちてしまったんですね。翌日、明るくなってから、人足をいっぱい集めてそれを一生懸命探させた。一〇〇文かそこらを落としたのを探すために人手をかけて、五〇〇文も六〇〇文もかかった。それをみんなが物笑いの種にしていたら、彼は言うわけですね。財が一〇〇文この沼に埋もれていたら、その一〇〇文は流通しない。死んだ金になる。しかし、五〇〇文、六〇〇文を払って一〇〇文を探せば、五〇〇文、六〇〇文の銭が社会のなかに流通していくではないか。

これは公共というものを考える、大きな鍵なんですね。こういう話はね、子どもにするとすごく刺激的なんですよね。

――もし、たまたま稼げる道に行く人もあれば、そうではないけれども大事な道もあるんだということを知って子どもたちが育ったとすると、それ自体が教育の目的達成ですね。金を持っているかどうかで人を見るような人ではなくなりますよね、きっと。

寺脇　そう。そうだし、金を持ってる人間も、持ってることの意味というのを考えるっていうことでしょうね。

――そのためには、世の中に格差がないかのような話を教室でしているよりも、リアルにお金の話もするのがいい。

寺脇　そうです。だから格差を強調する人たちが批判しなきゃいけないのは、以前の教育なんですよ。格差がないかのように振る舞ってきた結果、こんなことになっちゃったんだという話なんですよね。

学校システムの完全流動化案――「個人」の確立

――格差は昔から実はあったのだけれど、よりはっきりした形になってきたというなかで、寺脇さんが学校制度、就学前から大学院まで設計しろと言われたらですね、どこをどうしていきますか。

―寺脇―極論すれば、学校制度を完全流動化してしまって、要するに切り売りするという仕組みを考えていくということがあり得ると思います。きわめて難しいけれども。要するに一つ一つの単位みたいなものを作っていって、その単位をいつどこの時点でどういうかたちでとっていくかということについての許容度を可能なかぎり広げるということでしょう。

――そうすると、いわゆる偏差値が高い学校ほど、親の所得が高い傾向にあるという現象もなくなるわけですか。

―寺脇―まあそういうことになりますね。単位を獲得する対価というのが、たぶんハイレベルの単位になるとハイコストになるということはあり得ると思いますけれど。当然そこにかかるコスト・パフォーマンスの問題があるわけですから。だからそのときに、もう一つもっと大きく制度を変えていいとするならば、その費用は全員個人負担という考え方にすればいいと思うんですね。

――学ぶ者が、ということですか。

—寺脇—そう。だから幼稚園の園費からはじまって、全部入る人の個人負担ということにして、あとで請求書がまわってくるというかたち。

——要するに幼稚園児にも奨学金を出す。

—寺脇—奨学金はもちろんでしょうし、とにかくあとで清算してね、っていうふうな仕組み。そして、いろんな社会貢献にともなう返済免除制度を作っていくっていうことはあるでしょう。

——なるほど。

—寺脇—免除といっても全額ではなくて、この分さっぴきますね、みたいな。そちらも単位制にしていけばいいわけじゃないですか。例えば、老人福祉施設で身を粉にして一年働きましたっていったらこれだけさっぴきますよ、というような仕組みにしていく。これはまったく自由に社会設計できたらの話ですけどね。

——それは、社会を、人間の陥りがちな欲望だけではないかたちで、例えば互助社会へ向けて方向づけをしていって、しかも個人はどの分野で貢献するか選択ができるということになりますよね。

—寺脇—個人というものがそこで確立してくると思います。人と人のコミュニケーションは大事です。貢献活動の中で、老人や、いろいろな現場で働いている人と、理解し合うことが深まるでしょうね。それに、職業に踏み出すための訓練期間にもなる。

もちろんその制度になって、個人で考えて選択することが多くなっても例えば親子の関係は大事なんですが、今までのように親がね、誰のおかげで学校に行けると思ってるんだという言い方で親子関係を構築するというやり方をやめてほしいわけですよ。いや、私は自分のお金で行っていますよ、と子どもは言うんだけど、なおかつ親子の関係が成り立つようにしていかなきゃいけないんで、今まではともすれば親の側に学費を出しているという切り札があるもんだから、子どもの独立した人格を認めない短絡的な言い方も出てきてしまいますが、それがもし言えなくなったときに、親の権威がゼロになるっていうんだったらお話にならないでしょう?

——公立私立の混在ということについては現状でよしというお考えですか。

—寺脇—それも私は、ユニット化していけば問題はシンプルになると思います。学習単位をユニット化していけば、学びたいユニットをすべて公立で学ぶとかすべて私立で学ぶとかいうことでなくなってくる可能性が強い。つまり学生の流動性が高くなるっていうことですよね。

帰属意識というのも一つの大きな、教育のすべき事柄ですから、それを体験するためにどこかの学校に所属する、ということはありうるでしょうけれども、だけど逆にその帰属意識で、自分の学校のこととか、校風にしか興味がないというのも考えものですね。自分と似たタイプの人間としか関わらないし、付き合えなくなるから。

今度ちょっと関わることになって興味を持っていることがあります。それは、阪神淡路大震災のために、神戸市が持っていたポートアイランドの土地や、前はタンカーの接舷基地だったところが、液状化したためにもともとの用途に使えなくなって空き地ができているんです。そこを大学に、無償でか安くでか提供するって言ったところ、いくつかの大学がパパパッと手を挙げて、来年の四月に団地みたいに三軒、大学が、同時に、隣り同士でできるという、今まであまり聞いたことのないような話ができて、現地を見に行ってきたんです。

間口八〇メートルぐらいの細長い土地ですが、今そこで相談されているのは、例えば学食はみんな共通で使えるようにするとか、所属は何々大学の学生だけれど、三大学の関係を密にして、単位の互換にとどまらず、図書館も自由にお互い使ってよければ、サークルも共有の部屋を持つとかっていうものを作っていこうっていう話が出ているんです。私の申し上げた学習単位のユニット化、どこでも通用、と言うのも、その大学のコンセプト（概念）をもっと拡げて考えてみるならば、ということなんですね。

実際、公立私立の違いっていうのも、現在いろいろありますよね。皮肉なことに、家計が豊かな子が私立に行っているところもあるけど、家計が貧しい子が私立に行っているところもあります。高校の場合は。東京では豊かな方が私立高校に行っているけれども、地方では、公立高校に入れないために、貧しいけれど私立に行かなきゃならないっていう状態が出てきてしまっています。

だから公立私立で、公立は荒れるっていう言い方も一概にそうは言えないし、私立にだって受験校と、それから落ちこぼれ救済校みたいなところがあったりします。それればかりじゃなくて、ひきこもりの子どものための学校とか、学習障害児のための学校とかいうのがあったりもするわけですから、そこは柔軟にものを考えていくといいと思う。

私がずっと、大したお手伝いじゃないけど関わってきた、湘南ライナス学園［4］という学校があるんですが、そこは昔からＬＤ（学習障害）とＡＤＨＤ（注意欠陥性多動障害）の生徒に特化してやっている学校なんですね。これはもともとは私塾でやってきたわけですよ。吉崎真里さんという女性がほとんど一人の力で、もうまったく私塾で、フリースクールとしてやってこられた。その時代から私はお付き合いをいただいているんですが、彼女はストレスで病気になって一回命落としそうになるぐらいのことがあった。きれいごとじゃないんですよ。行政が助けてくれないのももちろんだけど、そこに子どもを預けている一部の親たちの身勝手さに一番彼女は参ってしまった。

自分の子がＬＤになった、はい、あんたんところに預けるからなんとかしてくれ、私は関わりたくない、学費はできるだけ安くしてくれ、っていうふうに言われる。幸いいまは親たちともだいぶん共同して、しかもいま特区でようやく学校法人にもなることができて、やっておられますけれどね。いずれにしても私立の学校です。

ところが日本の、例えば盲聾養護学校というのは大半が公立で運営されています。そうすると、盲聾養の子はほぼ公立に行くんだけれども、盲聾養とは違う、いままでにはっきり分かっていなかった障碍を持った子は私立に行くしかないのかっていう話にもなってきますよね。

それはこの間お話しした統合教育の話じゃないけれども、それこそそれもユニットとして履修していけばいいのであって、これはここで学びます、これはあそこで学びますっていうようなことをやっていけばいいんです。

「貧しいから」というルサンチマンは有害無益

寺脇　いい年をして親がかりだというのは、親と子の関係もおかしくしちゃうけれども、子どもというか若者に、いらざるルサンチマンみたいなものを持たせてしまうという可能性もどんどん強くなってきてるわけですよね。どうせ俺んち貧乏なんだから、みたいな話。たぶんそれはね、私、もうちょっとそこは調べてみなきゃいけないし、それこそ学者調べろよ、だけれども、戦前の格差社会のときには、どうやってそのルサンチマンをおさめてきたのかという問題があるはずなんですよね。

戦前の社会っていうのは、実はどんな貧困な子でもエリートになれたんだとか言う人がいるけれど、本当にそうなのか。本当に貧しい未解放部落の子が海軍兵学校に行けたのか、といった疑問を感じています。海軍兵学校に行くためにはまずそこに至るまでの教育を受けなければいけないということがあったわけで、いや貧しき子でも昔は軍隊の学校があって、給与ももらいながら行けて、海軍大将になれたんだっていうことを言うけど、海軍兵学校や陸軍士官学校に行くまでの教育に到達しない人たちだっていっぱいいたはずなんですよ。

それをあたかも、むしろ戦前のほうが階層間移動のチャンスは多かったっていうふうなことまで言う乱暴な人たちがいますが、絶対そういうことはないわけで、そうするとそのルサンチマンをどう解消するかということが、人間の叡智をふりしぼることだったかも知れないのに、いま格差を言い立てる人たちは、逆にそのルサンチマンを煽り立てるような言い方や考え方になってるっていうのは、非常に賢くないことだという気がします。

戦前の社会の非民主性とかそういうものは当然のこととしてですよ、それはそれで改善しなくてはいけないことであるとして、それがあったときに、その社会的不満やなんかを自分の経済的階層から来るルサンチマンに結びつけないようにする知恵っていうのをみんなで出しあってたんじゃないか。いまそれを出し合わずして、やれあそこの家よりこっちが金持ちだとか、貧乏な家の子は塾にも行けないとかいうようなことばっかり言い立ててはいないかということを私はとても心配してるんですよね。

——それは、右翼でなくても必要だと思う程度の、社会的統合さえこの国から失わせる危険がありますよね。

しかし、そういう危険を考えずに私財蓄積に走る人間のメンタリティというのも、その私財がある程度を越えると、罪があるとも思うのです。その意味では、「格差を言い立てる人々」の中にも、正当な主張が一部あり得るとは僕は思っています。

ところで、実は歴史上絶えずあった「格差」が「失われた一五年」「グローバル化」以降強く言われるのには、日本では一度平等幻想が席巻したからっていうのもありますよね。

寺脇　もちろんそうです。罪が深いのは、日本人全体が平等になったことなんて一度もないのに、平等幻想を振りまく言説ですね。階層論者はすぐ言い立てますよね、一億総中流だった時代もあったって。嘘だよそんなの、と思います。一億総中流であるかのような幻想が振りまかれた時代があっただけの話であって、みんなが中流だった時代って、いつよ、何年何月何日よ、って思います。その「一億総中流」と名付けられた時期の格差比較のデータなんか、誰も十分検証しないでおいて、今はこんなに格差が広がりました、と言っているんですね。

一億総中流とか平等とかいうことでわやにしちゃった思考や、見えなくされてしまった事実がたくさんある。それによって失ったものはたくさんある。社会のなかの、ある種の知恵、例えば「ボロは着てても心は錦」とか「勝った負けたと騒ぐじゃないぜ」みたいな歌っていうのが、昭和四十年代の初めに水前寺清子が歌っていた頃までは共感を得られていたわけだろうけど、いまの人々はその知恵をなくしてしまったわけですよね。

学校は多様な出会いのある場所でなければ

——みんなが平等だ、という世界が幻視されたというのは、やはり灰燼《かいじん》に帰した日本列島に、日本国憲法という虹の柱が打ち立てられたということが大きいと思います。ただ、その憲法が命じた社会に、実際に近づけていくように努力したというよりは、「憲法にそう謳《うた》ってあるからそうなんだ」という、昔は投票してたから今になって言うのは申し訳ないが社会党的な虚偽=現実へのコミットの薄さが、スローガンを多くの人が味見しないで信じてしまい、それを前提に動いていくというずれた社会をつくったのだと思いますね。それがあんまりひどかったものだから、思慮深くはない痙攣めいた改憲論（改憲願望？）も勢力を得るのではないでしょうか。

これから新しく生きていく子どもたちは、その人間観、社会観を、自分たちの力で一から作り直さなきゃならない、そうでないと困ると思います。大人の姿を見ながらも。

これからの子たちは、外国人も含めて「いろいろな人がいる」ということを前提にして社会観をつくっていかなければならないと思います。そうなると、自分がどういう立場であれ、いろいろな人が目に触れるようにして、人生というものにはこういう場合もあるああいう場合もある、と知っておくということがどんな人間にも重要になると思います。

寺脇　ケースバイケースで物事を考えるっていうのがいまこそ大事。いまほどそれが大事な時はないと思うんですね。

例えばご家庭でも、四人兄弟五人兄弟育てているときに、一人一人の育てをケースバイケースにやっていくってなかなか難しかったろうけれども、いま、多くの家庭で子どもは一人、あるいは二人しかいない。その一人に対して、この子のケースバイケースっていう判断をしていかなきゃいけない。その判断からみんな逃げちゃっているわけで、なおかつ、なんか自分の都合のいいとこだけ、みんながやるようにやるんだ、みたいな考え方を墨守《ぼくしゅ》しているんじゃないですか？

でも、少子化の時代のしのぎ方、少子化時代の子育ての仕方っていうのがあるのだと思います。少子化だからできることを考えなきゃいけないのに、そういうのは面倒くさいからうっちゃらかしといて、というようなところがあると思います。

それから、いまおっしゃったような、物事を相対的に考えたりいろんな生き方があったりすることを知ることっていうのは、私の仮説ですが、例えば戦前などにおいて、経済格差によるルサンチマンを生まない装置があったとするならば、それは、地域社会だったんだろうと思うんですね。親でも教師でもない人たちが、そこのところの調整をしてたんだろうと思うんですよ。

教師っていうのは学校っていう、ヒエラルキーを基本とする尺度のなかで、やっぱり上の学校に行くやつがいい生徒だとか思ったりするわけだし、親は親で、子どもに近すぎる面もある。そのなかに、親でも先生でもない人がいて、私はよく言うのですが、「フーテンの寅さん」みたいな人がいて、学校よりも恋だよ、みたいなそういう無責任なことを言う人たちがいると、子どもや若者はルサンチマンに苦しまずに育つのではないかと思います。

親は絶対無限責任を持つ。教師は相対的な有限責任を持っている。いずれにしても子どもに対して責任がある人なものだから、「こんなものでいいじゃないか」みたいなことは誰も言ってくれないわけで、そうじゃない無関係な大人がその役割を持っていたのに、そういう人たちの存在余地がどんどんどんどんせばまっていって、社会が学校化していくっていう上野千鶴子［6］さんの議論みたいに、社会全体が息苦しくなってくる。そのうえ会社みたいなものがたくさんできてきて、やっぱり会社も学校みたいな状態になってきて、「これでもいいんだよ」みたいな言葉がなくなっちゃってるわけですね。

だから、こういう時代になって、子どもたちが多様な価値観を再構築していくとするならば、親でも教師でもない、その子どもにあまり責任を持っていない大人とふれあう機会を作っていくということが必要だと思います。学校五日制っていうのは明確にそれを意識していたわけで、そのことはその頃にも本のなかに書いたり、講演などでも言っていますよ。「寅さん」に会わせるために五日制にしてるんだというようなことを。

——それはもう進学校であろうとなんだろうと、必要なことですよね。

寺脇——そう。だから「寅さん」に会わせるために五日制にしたのだけれど、寅さんがいないという状態なわけですよね。だから今度は、大人が寅さんになってみようっていうふうに思ってもらわなきゃいけない。これはもう、呼びかけるしかないんですね。で、寅さんになってみると楽しいっていう体験をしてもらうしかないですね。私はそれこそ、自分は子どももいないから、子どもと関わる時っていうのは常に無責任な状態で関わっているので、こんなに楽しいことはないな、って思っちゃう。無責任に子どもと関わるほど楽しいことはないです。

――学校のなかにも、先生ではない大人がもっと入っていければということですね。

寺脇　そういうことです。江戸時代の寺子屋っていうのは、都市では街中だけれど、地方では、村のなかの一番日当たりがよくて、みんなが行きやすいところに寺子屋を作っていた例が多いそうです。それは当然年寄りがたむろするところでもあって、寺子屋のまわりで年寄りがいつも世間話をしているような状態だった。

寺子屋の先生っていうのはやっぱり子どもを教育すべき立場にあるから、例えば遅刻した子どもがいれば、ガンと怒る。でも、周りにいる年寄りが、「この子は家の農作業の手伝いをしているから」などと、子どもの事情を分かっていて、柔らかく受けとめてくれていた、といったことがあったわけです。

そういうことを専門の研究者の方から聞いたことがある。全部が全部そんなふうではなかったのかもしれませんけれど、そういうかたちで幸せに運営されていた例がある。先生がいて、先生ではない大人もまわりにいる。それは学びの、非常にいいかたちだと思います。家庭が労働の場であった時代だからそれが実現した、というのもあるでしょうけれどね。

やましいと少しも感じない金持ち文化の出現

――いまは学校も社会も、提示される価値が一元化してしまっている、ということでしょうね。

寺脇　なぜ一元化されてきてしまったのか。やっぱり一元化はよくない。一億総中流なんて多くの人が一元的に思っていた時っていうのは、私はやはりよくなかったと思うんですよね。だからそこは、今格差社会を言い立てる人たちの見解と、まっこうから対立することになる。彼らはあの頃はよかったって言いますよね。ちょっと待てよって思うんですよ。

学校でもその時代は全部そういう、事実に向き合わないやり方だったじゃないですか。貧しい子がいるということは想定しない。貧しい子がいるとはっきりすると困るから、例えば遠足に行くときにおやつを持っていくのは三〇〇円以内にしなさいとかいうやり方でやって、三〇〇円ならみんな出せるだろうというところに合わせていって、そういうフィクションをそこで作っていっちゃうわけですよね。本当は三〇〇円の子も一〇〇〇円分持ってくる子もいて、一〇〇〇円の子が、おい、ちょっとこれ食べない？　って言ったっていいはずなのに、そういうことは全然認めない社会になってたわけですよね。

――それで、食べ物で友だちを釣って、釣られて喜ぶやつがいてもいいし、逆に嫌なやつだなと思うやつがいてもいいわけですよね。それは子ども自身が判断する。

寺脇 そうそう。いま静かにヒットしている、「佐賀のがばいばあちゃん」っていう映画、これ、原作の小説が大ヒットして一〇〇万部ぐらい売れてるらしいけど、B&Bというお笑い芸人コンビだった島田洋七さんの書いたものです。昭和三十年代に、ほんとに貧しいなかで、佐賀の田舎でおばあちゃんと貧しい暮らしをしている。運動会のときに、弁当もごはんに梅干しぐらいしか持っていけない。でも他の子どもには豪華な弁当を持ってきている子もいる。主人公は、家の人も仕事が忙しくて運動会に来られなくて、おばあちゃんも見にきてくれないし、教室で一人でそれを食べようとしてると、担任の先生が入ってきて、お前、ちょっと弁当をとっかえてくれ、俺ちょっと腹の具合が悪いんだ、お前の弁当梅干しが入ってるんだろ、梅干し食べたいんだ、って言って、それで取り替える。そのお弁当を主人公が開けてみると、豪華なおかずが入っている。びっくりしてると、今度また別の先生が入ってきて、お前とっかえてくれってまた豊かな弁当を持ってきている。

そういうことをやっぱりやってたわけですよ、先生も。ところがもう昭和も四十年代になると、そういう格差がないっていうのが前提だから、そういうことをしたら、先生がえこひいきしちゃいけないっていうことに今度はなるわけですよね。つまり先生がそこで官僚化しちゃうわけです。官僚というのは当然、誰かにだけそんなことしちゃいけない。

だからいわゆる一番良かったたって言われている総中流の時代っていうのが、その後のことを考えると必ずしもそうじゃなかったんじゃないかとも言えるんですよ。

――考えるのをやめたわけですね。人間の、個別的な関係の取り方を。

寺脇 そうそう。日本の社会は総中流だから、貧しい人なんかいないんだから、貧しい人に対してやましい思いをしなくてもいいということを刷りこんだわけですよね。

つまり、そうなんですよ。シュバイツァーの伝記に必ず出てくるじゃないですか。学校に行く時自分だけいいお弁当を持ってたんで、それをどっかに捨ててたとかいうような逸話。私の同級生なんかでも金持ちの子で、小学校のときに、自分だけ豪華なのを持たされて、いたたまれないんで便所に捨ててたとかいう話、昭和三十年代の小学生はよく経験していますよ。

つまりそれは差があるから、どんなもんだい俺だけいっぱい持ってるぞって見せびらかす人もいただろうけど、自分だけこんなに持ってるっていうのは、恥ずかしいって思う人もいたわけですよ。でも「総中流」幻想をつくっちゃったものだから、もう、金持ちが金持ちであることがやましいとか、申し訳ないとか、いうようなことを感じなくてもいいようになっちゃったんですね。

だから、今六本木ヒルズで、あんな贅沢してる人たちがなんのやましさも感じなくなっちゃってるわけでしょう。それこそ、社会がおかしくなった。人間的ではなくなったわけですよ。

――「ヒルズ族」とか呼ばれているいわゆる「勝ち組」の中から、どうして公共に役立つような行動をとる人があまり出てこないんでしょうね？　まだアメリカに較べるとスケールが小さいのかな？　それともまだ若いからスーパーカーとか自家用飛行機とか買っちゃう？　ビル・ゲイツは財団をつくって多額の寄付をしていますが、彼も若い頃からそうだったのかは分かりませんが……。

一寺脇一ソニーの大賀会長が退職金一六億円の手取り全額を使って軽井沢町に公共の音楽ホールを寄付しましたよね。

でも、若い世代のビジネス優等生たちがそうならないのは、彼らが受けてきた教育の結果だとも言えるんです。つまり、これまでの学校教育、特に戦後は金を稼ぐための力をつけることが中心で、金を上手に使う力を育ててこなかった。前にも言った「主要教科」は金を稼ぐ方で、そうじゃない音楽や美術や道徳といった、寄付などによって金を使う方につながるものを蔑《ないがし》ろにしてきた。
これでは、人に好感を持たれるいい金の使い方はできません。ただそれは、ヒルズ族だけの話ではない。国というレベルで考えると、日本は世界で二番目の金持ち、「勝ち組」です。だから、金を稼ぐのは上手なその日本がどんな使い方をするのか、国内で自分は「負け組」だと主張する人だって日本人の一員としては「勝ち組」なのですから真剣に考える必要がある。
つまり、今こそ皆で、稼ぎ方ばかりに重きを置く教育から使い方を考えることのできる人間を育てる教育へと進む道を議論すべきだと思いますよ。

——それは、お話しされた、人材をアジア規模で育てるために日本で余ってきたインフラを使う、ということにもつながってきますよね。

寺脇 そうです。日本の医学部の入学枠をアジアに開放したら、という話をしましたが、最近日本国内でも全体的には医師供給過剰でありながら僻地など地域的には不足が深刻化して見過ごせない状態になっている。そこで、地方の国立大学系医学部に地元優先の入学枠を作り、地元高校卒業者を毎年数名その枠で入学させるかわりに卒業後地域医療に携わってもらう、という制度が広がろうとしています。
いいことだと思います。実は、そもそも、日本中に医師供給過剰になるほどの医科大学を作ったのは、田中角栄首相の時代の「無医大県解消計画」によるものです。僻地など地域医療に従事する医師を確保するために全県に医師養成機関を置くことにしたんですよ。

ところが、偏差値社会になっていく中、当初期待していた地元の医師育成と逆行して、首都圏や関西の進学校の生徒が地方医科大学を埋めつくしちゃったんですね。それで彼ら彼女らは卒業後は都会に帰ってしまうから、いつまでたっても地方の医師不足は解消できない。私が医学教育課長をしていた九六年頃、東北や四国、九州の地方医科大学では、地元高校の出身者は二割から三割で、あとは県外からの入学生でした。

その頃から、入学生の地元枠について検討したらどうかと言ってきたのですが、そこにはまた、特別枠ということは学力の低い者を入れることになる、という大学教官たちの抵抗が出て、ごく一部の大学に導入されただけだった。

でもそれが、いつの間にかかなり広がってきていて、さらに今回、地元自治体や厚生労働省も協力して推進しようということになったんですね。とてもいいことですよ。

ところが最近、耳塚寛明さんという教育社会学の学者が、新聞や雑誌でこの制度に反対しているのを読んで唖然としました。彼の論拠は、特別枠は教育の機会均等に反する、アファーマティブ・アクションなら弱者を対象にするべきで地元高校から医学部を目指す生徒は弱者ではない、というものです。一方でこの人は格差問題には熱心で、例によって金持ちの子は塾に行って進学校に行って……と唱え続けています。

地元で育ち、自分の育った地域で医療に従事しようという地元高校の生徒の熱意を評価するのは機会均等違反で、金持ちの子が、この人の常々の主張なら親の階層のおかげで高い学力を得て、都会で医師になって稼ごうと考えるのには大いに機会を与えるべきだというのですから。格差社会を言うなら、所得の問題だけでなく医療や福祉サービスを受けられるかどうかのインフラまで含めた大きな視点が必要です。こんな杜撰《ずさん》な格差社会論で教育を云々してほしくない、と心底腹が立ちました。

——実はいま『小児科を救え!』という本も作っているのですが、地方では小児科に限らず医者、とくに深刻な症例を扱う病院勤務医の不足が深刻です。それで岩手県の佐藤頼ちゃんの事件のような、夜間救急の「たらい廻し」による死亡事件、といった悲劇が起こっているんですね。医師たちに聞いたのですが、やはり地方の病院では患者も、特殊な症例も少なく、勤務医としてキャリアを積むには魅力がない、ということなんですね。

だからこそ、地元で、地域医療の高度化を、といった特別の志を持つ学生が地方の国立医大などには必要なので、そのためになんらかの制度をつくらなければならないのは、これはもう明らかです。人の進路を規制するのは無理だから、一度都市圏の病院で修行しても、地元に戻る選択も出てくるような誘因をつくらないといけないでしょうね。

なんでも、おっしゃるようにケースバイケースですよね。その学者さんも、個別の状況を勉強しないで、自分の専門分野の教育社会学だけで原則論を言うのは、原則論は大切だとしても、そこで言うのは良くない。

寺脇さんの生涯学習で教育を受け直したらどうでしょうか。

―寺脇―いや、柔軟でない大人、とくに学者は、もう遅い……（笑）

私はいまの人、これからの人に期待して、これからもいろいろな形で教育に関わっていこうと思っています。もちろん、自分自身が変化することもおそれずにね。そうでなくちゃ。

❶**宮台真司**……一九五九年生まれ。東京大学社会学科卒業、同大学院博士課程修了。社会学博士。東京大学助手、東京外国語大学講師を経て、首都大学東京都市教養学部准教授。援助交際、オウム問題、少年犯罪、盗聴法など、様々な分野で発言を行っている。近著に『「麻原死刑」でOKか？』（共著、ユビキタ・スタジオ、二〇〇六）、『私たちが住みたい都市　徹底討論』（共著、平凡社、二〇〇六）など。さらに詳しくは↓

・MIYADAI.com Blog(http://www.miyadai.com/)

・首都大学東京ホームページ (http://www.tmu.ac.jp/)

❷スネークヘッド……中国人の他国への密入国を斡旋するブローカーの通称。さらに詳しくは↓莫邦富『蛇頭』（草思社、一九九四年）

❸帯広市立図書館……http://www.lib-obihiro.jp/

❹湘南ライナス学園……http://www.linus.ac.jp/g_aisatsu.html

❺学校五日制……子どもたちに、家庭や地域社会のなかで主体的に使える時間を増やし、ゆとりの中で様々な活動をする機会を持ってもらうことを目的として導入された。平成四年九月から月一回、平成七年度から月二回、平成一四年度から完全学校週五日制が実施されている。さらに詳しくは↓

・文部科学省ホームページ「完全学校週五日制」について（http://www.mext.go.jp/a_menu/shougai/week/index_a.htm）

・文部科学省ホームページ「教育改革 Q&A」（http://www.mext.go.jp/a_menu/shougai/kaikaku/main4_a1.htm）

小学校学習指導要領（平成一〇年一二月）、中学校学習指導要領（平成一〇年一二月）、盲学校、聾学校及び養護学校小学部・中学部学習指導要領（平成一三年一一月）、小学校、中学校、高等学校等の学習指導要領の一部改正等について（文部科学省通知、平成一五年一二月二六日）

❻上野千鶴子……一九四八年生まれ。京都大学大学院文学研究科博士課程修了。社会学者。現在東京大学

大学院人文社会系研究科教授。著書に『家父長制と資本制―マルクス主義フェミニズムの地平』（岩波書店、一九九〇）、『ナショナリズムとジェンダー』（青土社、一九九八年）、『生き延びるための思想―ジェンダー平等の罠』（岩波書店、二〇〇六）など。

●寺脇研のエッセイを週刊連載するページ　http://www.mammo.tv/
●寺脇研が関わっている「京都三条ラジオカフェ」のページ　http://radiocafe.jp/
●寺脇研の番組のページ　http://terabun.seesaa.net/
●本書の注を作成するにあたっては、橋本あゆみさんのご協力をいただきました。

あとがき

私は今、文部科学省を去ろうとしています。

三十一年半余りの官僚生活でしたが、自分としては五十年分ぐらいは働かせていただいたという思いがあり、悔いはありません。

新政権は、「学力世界一」を、まあ象徴的キャッチフレーズとしてでしょうが掲げ、教育再生会議を始動させています。おそらくは、「子どもたちに規律を取り戻す」といったこともまた、議論されるのでしょう。

しかし、それ以前にまず、大人の側がいったいちゃんとできているのか。北海道の滝川で起こった小学六年生女子の自殺事件でも、大人たちは、大人の側の大人の論理でことをあいまいにし、「いじめはなかった」と言い逃れてみたり、責任逃れをしようとしたりしました。福岡で起こった教師によるいじめ発言が発端の自殺事件に至っては言語道断です。

改めて、ああいう事件が起こってしまうと、子どもに対して「お前らしっかり勉強しろ」とか「規律を取り戻せ」とか言う以前に、子どもを取り巻く学校や行政、もちろん親や地域社会の環境、要するに大人の側が変わっていかなければならない。それが根本であり、急務だと思います。

「国旗・国歌」については、東京地裁で、都教委のやり方をたしなめるような判決が出ました。この本で私が言ってきたように、教師・現場の側も考え直す必要があるけれども、両者が対立した時は、より強い権力を持ったほうに強い自制心が求められるわけです。その意味で今回の東京地裁の判決は、判決自体が妥当かどうかについては異論は当然あるとしても、いわば「ちょっと待って」と袖を引かれたわけですから、都教委だけではなく、文部科学省や国全体もそのことを考慮する必要があると思うのです。もちろん、この判決があったからといって現場が以前のような勝手気ままを許されるわけがないのは言うまでもありませんが。

不幸な対立、いわゆる文部省対日教組的対立というのは、本当はもう七〇年代、せいぜい八〇年代で全国的には終わってきている話なのに、まだ、教育に関しては論理的に話し合おうという土壌がどこにもほとんどありません。

今の時代だから当然、納税者や保護者も関わっていく中で真面目な議論をやっていくべきなのではないでしょうか。外野から評論家が現場も見ずに何か言うということではなく。

教育現場を再生させるというなら、何よりそれが必要です。

新しい政権については右寄りだとか、いろいろな評価がありますが、私は総理が真っ先に中国、韓国を訪問したことをうれしく思っています。政権の行く先がどちらに向かっているのかまだ判然としないとはいえ、少なくとも今、現に目の前でやっていることは、率直に評価されるべきでしょう。それこそ、不毛なイデオロギー対立ではなく、——私はすべてそうなのですが——是々非々で見て行きたい。

現政権下でのこれからの教育論議で私が注目しているのは、ゆとり教育と呼ばれているような、総合的学習などを含めてやっていく教育の行方です。ゆとり教育は、私の捉え方では、アジアと協調してやっていくという考え方につながるわけです。政治の方はアジアとの協調姿勢を見せても、教育の方ではアジアなんてどうでもいいんだ、日本さえよければいいんだというような姿勢であっていいはずはありません。中国や韓国などと一緒にやっていきましょうという方向性を持って政治をすることは、とても好ましいことだし、素晴らしいことです。だからこの方向性と教育とを乖離させずに考えてもらえればと思うのです。そう考えると、教育再生会議にも大いに期待できるでしょう。メンバーを見ても、バランスのとれた議論ができる顔ぶれがそろっています。首相ブレーンと呼ばれる方々について「ゆとり教育反対の人ばかりじゃないか」との懸念があるかもしれませんが、外交だって、周りを取り巻いていた人たちの中には少なからず「中国や韓国にそんなことをする必要はない」と言っていた人がいても、総理は中韓訪問をやったわけですから。

大所高所からものを見ていけば、本文でも触れたように、学力低下と言われるとゆとり教育に反対する議員たちが、少子化社会を考えていく基本法を作るとなると、いやいや、やはりゆとりが必要だという法律案をほぼ全会一致に近い形で可決させるようなことがあるわけです。

ゆとり教育では学力が下がるという話だけ聞かされれば、けしからんと言うけれども、少子化対策をまじめに考えたら、ゆとりを作らなければいかんと思うだろうし、環境のこととか将来のことを考えたら、食育もしなきゃいかんし環境教育もしなきゃいかんと考える。つまり、映画の世界で言う、ロングに引いて見れば、多くの人はそう思うわけです。

教育基本法についても、改正について広い視野できちんと議論すべきだと思います。最初に教育基本法ができた時は、日本は独立すら獲得していなかった。その後は、アメリカを中心とする西側の体制に入って冷戦構造を生き抜いていく時代があり、冷戦が崩れた後には、対米追従と言われるような時代があって、それぞれ時代に応じた教育が行われたわけでしょう。そしてこれからはアジアと共にやっていこうというならば、教育の基本も、何か変わるべきではないかという議論がなされていかなければなりません。

現行教育基本法は、日本は負けました、武力を放棄した貧しい国です、だから教育を一生懸命やって文化の力で世界に貢献していこうという考えに立つものです。ところがその後、ODA（政府開発援助）で他国の横っ面をひっぱたくような、世界に金で貢献しようという国になってしまった。実際いい意味でも悪い意味でも金で世界に貢献している時代に、同じ教育基本法でよかったのかという思いはあります。お金を使う、よそに援助するにもどうやって使ったらいいだろうというお金の使い方の教育は、現行教育基本法制定当時にはそれどころではない話だったでしょう。貧しさから脱却するために、まさに稼ぐ教育が中心の時代だった。そういうところがうまくいっていないわけです。

ただ教育基本法で心配なのは、国民がほとんど関心を持っていないことです。「それは政治家に全部任せたよ」というような感じで、今どき大概のことは政治家任せにしないのに、このことだけ任せるというのも、ずいぶん大胆だなと思います。そういう状況であればこそ、教育基本法についての多様できめの細かい議論があることが大事だと私は思います。

よく「教育基本法改悪」などと言う人がいますが、本当にいいものに変わる可能性だってあるわけです。「世界のことをもっと知ろう。特に今まで知らなかった国々のことをもっと知ることが大事だ」という理念を高く掲げる教育基本法だってありうるわけです。ところが、進歩的な立場を自任する人たちがすぐ「改悪」になるから変えてはいけないという論陣を張る。

それは結局、自分たちの主張が常に少数派であって、相反する主張が多数派になると決めてかかっているということでしょう。現状分析として自らが少数派だというのは当然リアルに認識すべきだけれど、多数派になる努力というものをしたらいいじゃないですか。教育基本法や憲法をどうするかという時に、変えることとイコール悪というふうに現行のものを「既得権」として主張するような在り方では、既得権益にしがみつく勢力と同じで、まともな議論どころではありません。

私は今後、役人であるときに比べれば、より自由な立場になります。今までのように政府の一員という立場に縛られることなく、教育議論が極端に流れたり、不毛な二項対立に陥るようなときに、現実論からその誤りをきちんと指摘していけるような役割を果たせればと及ばずながら願っています。

「公《おおやけ》」という言葉は今の日本ではなかなかむずかしいですね。しかし私は、敢えて「公」について問題提起していきたいと思います。これについては、「公人」を作る教育とは……　との観点で議論をしている人たちがいて、私もそれに積極的に加わっています。ただ「公人」という言葉は、靖国神社に行く時に公人として行くか私人として行くかみたいな話になってしまいそうで、何か新しい言い方に置き換える必要があるでしょうが、そうした概念について考えたり議論したりするのはきわめて重要なことです。ここで言う「公人」とは、自分のためだけでなしに他人や社会全体、すなわち公のために何かをなさなければならないと自覚している人です。その反対の意味での「私人」は、他人に迷惑はかけないが自分およびその周辺さえよければいいという人になるでしょうか。「公人」を作るというのは、公務員でない一個人といえどもやはり他人や社会のために積極的に何かやらなきゃならないと考える人たちを増やそうということなんです。

私自身も、そういう意味での公人として、これから働いていきたいな、と思っています。しかも、これからは自分の内心と表現を常に一致させていけます。公務員とは守るべき法と、自分の内心に照らして正しいこと、それが対立する場合もあるジレンマを常に自分の中に抱える存在です（逆にそういうジレンマを心に抱えようとさえしない怠惰な公務員に対しては怒りを覚えます）。

でもこれから私はそういう大きなジレンマからは解き放たれます。今は、ジレンマにあまり煩わされずに公のことを考えるのもいいよな、という気分です。今まで官と民と言った時に、心正しき官の人はそのジレンマを常に抱えてきたわけです。これからは民も公を担うことになったとき、今度は民の方も小さくてもジレンマを抱えなければいけない場面も当然出てくるはずです。ジレンマなしにやろうとするのは官もずるいし民もずるいということになってしまう。そういう意味では私も、これですべてジレンマがなくなってやりたい放題やろうとは思っていないけれど、大きなジレンマを三十年以上誠実に抱え続けてきたつもりの人間としては、やっぱりひとつの解放です。

お前のジレンマって何だったんだ、との問いには、今後、私が発言したり行動したりする中身を見ていただくと、私が公務員の時に何を自制してきたのかわかっていただけると思っています。

この本を読んでいただいた皆さんと、何らかの公を担う場で別の形でお会いできたら、嬉しく思います。

ありがとうございました。

二〇〇六年一〇月

寺脇　研

寺脇 研（てらわき・けん）
一九五二年福岡市生まれ。七五年文部省入省。初等中等教育局 職業教育課長、広島県教育委員会 教育長、文部省 高等教育局 医学教育課長、生涯学習局 生涯学習振興課長、大臣官房 政策課長、文部科学省大臣官房審議官生涯学習政策担当を経て、二〇〇二年文化庁に転出、文化部長。二〇〇六年三月末、退職を準備していたところ、当時の小坂憲次文科大臣に特命を与えられ文科省に戻り、大臣官房広報調整官。同年一一月、退職。
著書に『生きてていいの?』（藤野知美さんと共著・近代文芸社）『21世紀の学校はこうなる』（新潮ＯＨ！文庫）『中学生を救う30の方法』（講談社）『教師としての「責任のとり方」』（主婦の友社）『なぜ学校に行かせるの?』（日本経済新聞社）『映画に恋して』（弘文出版）など。

格差時代を生きぬく教育

二〇〇六年一一月三〇日 初版第一刷 発行
二〇〇七年二月五日 初版第三刷 発行

著者 寺脇 研
発行人 堀切和雅
編集人 堀切和雅
発行所 有限会社ユビキタ・スタジオ
〒一〇七-〇〇六二 東京都港区南青山 四-二七-一九-一号室 アノニマ・スタジオ内
TEL：〇三・五七七八・九二三四
FAX：〇三・五七七八・六四五六
MAIL：docodemo@ubiq-st.net
URL：http://ubiq-st.net

発売元 KTC中央出版
〒一〇七-〇〇六二 東京都港区南青山 六-一-六-二〇一号室

印刷・製本 株式会社廣済堂

内容に関するお問い合わせ、注文などはすべて上記ユビキタ・スタジオまでおねがいします。
乱丁、落丁本はお取り替えいたします。

ISBN4-87758-506-0 C0037 ©2006 Ken Terawaki. Printed in Japan